辅助技术专业培训系列教材

Series of Training Textbooks for Assistive Technology Professionals

Assistive Technology
for Persons with Visual Impairment

视力障碍辅助技术

中国残疾人辅助器具中心 / 主编

图书在版编目（CIP）数据

视力障碍辅助技术/中国残疾人辅助器具中心主编. -- 北京：华夏出版社，2018.7

辅助技术专业培训系列教材

ISBN 978-7-5080-9382-6

Ⅰ．①视⋯　Ⅱ．①中⋯　Ⅲ．①视觉障碍－辅助系统－职业培训－教材　Ⅳ．①G761

中国版本图书馆 CIP 数据核字（2017）第 307541 号

视力障碍辅助技术

主　　编	中国残疾人辅助器具中心
责任编辑	梁学超
出版发行	华夏出版社
经　　销	新华书店
印　　刷	三河市万龙印装有限公司
装　　订	三河市万龙印装有限公司
版　　次	2018 年 7 月北京第 1 版 2018 年 7 月北京第 1 次印刷
开　　本	787×1092　1/16 开
印　　张	12
字　　数	216 千字
定　　价	89.00 元

华夏出版社　地址：北京市东直门外香河园北里 4 号　邮编：100028
　　　　　　　网址：www.hxph.com.cn　电话：（010）64663331（转）

若发现本版图书有印装质量问题，请与我社营销中心联系调换。

《视力障碍辅助技术》
编委会

主　任　李　晞
副主任　王保华　陈　光
编　审　王保华　胡志城　曾骏文
主　编　胡建民
副主编　李　琴
编　委（以姓氏笔画排序）

于　杨	于水明	王荣光	王艳玲
邓如芝	叶文文	李　琴	闫　媚
宋　毓	陈　亮	陈　婷	陈丽娟
陈雪兰	杜　蓓	吴瑜瑜	吴春玉
张红涛	杜肖静	郑　联	罗红霞
胡建民	施文建	袁洪伟	黄丽娟
曾雅茹	董理权	韩　风	颜玉缘

序言 Preface

凝心聚力，为残疾人朋友圆梦

习近平指出，中国梦，是民族梦、国家梦，是每一个中国人的梦，也是每一个残疾人朋友的梦。我们都要凝心聚力，在实现人生梦想的同时，共同推动中华民族的美好梦想早日实现。

和健全人相比，残疾人朋友的梦想更多的是丧失的身体功能与活动能力得到补偿，以更好地践行"平等、参与、共享"的现代残疾人观。为广大残疾人提供辅助器具服务，就是帮助他们补偿功能、改善生存状态、提高生活自理能力最基本、最有效的手段，是"理解、尊重、关心、帮助"残疾人的具体体现，也是社会文明进步程度的重要标志。

近年来，在党和政府的重视与支持下我国的残疾人辅助器具服务工作得到快速发展，但与广大残疾人日益增长的辅助器具服务需求相比，还存在较大差距。辅助器具服务是涉及多学科的综合系统工程，必须通过全面开展规范化培训、加快人才队伍建设方能实现。

视力障碍人士是广大残疾人中最困难的群体之一，而我国的视力障碍（视障）辅助技术服务与其他残疾类别辅助技术服务相比，存在起步较晚、学科建设薄弱、专业化水平较低、知识体系不完善等问题。近年来，随着医学科学技术的不断发展，眼科学及视光学也得到迅猛发展，视光专业也相继在我国许多高等院校建立，但缺少完整的视光学教材，特别是残联系统的视障辅助技术服务一直没有正式出版的培训教材，这些都制约着视障辅助技术服务水平的提高，影响到视力残疾人参与社会的能力和生存状态。

为加快视障辅助技术人才队伍建设，中国残疾人辅助器具中心组织相关行业专家编写了《视力障碍辅助技术》。该教材紧密围绕视障辅助技术实际需求，对不同视力障碍情况下提供辅助器具的原则和具体方法，对于广大视障辅助技术服务人员及相关工作者具有重要参考和借鉴作用。

我们相信，该教材的出版，必将为辅助器具服务专业化队伍建设提供有力的技术支持，对推进实现视力障碍者"人人享有康复服务"产生积极的促进作用。

2017 年 7 月

前言

为更好地落实"十三五"辅助技术专业人才发展规划，加快建设一支数量充足、结构合理、素质过硬的辅助技术专业人才队伍，尽快适应视障人士个性化辅助器具适配服务对专业人才的迫切需求，中国残疾人辅助器具中心从辅助器具服务队伍建设实际需要出发，本着立足当前、着眼长远、瞄准前沿、务求实用的原则，组织筹划，集中全国眼、视光学专业骨干技术力量共同编写了《视力障碍辅助技术》。

本教材针对辅助器具适配服务专业技术岗位工作需要，以应知应会、实际操作技能为重点，涵盖了眼科视光学基础知识、视力障碍诊断与评估、视障辅具概念与分类、视障辅具适配及使用训练、视力障碍康复等十个部分的专业系统知识；鉴于不同年龄阶段视力障碍的不同特点，本书分别介绍了儿童视力障碍、老年视力障碍康复的内容，并结合基层实际工作需求，设置了流动服务车车载设备涉及的"常用眼科检查设备"等内容。

教材面向中国残疾人联合会系统辅助器具服务人员，注重理论与实践的有机结合，既立足应用实际，又有适度超前，信息量大，专业性强，图文并茂，通俗易懂，既可用于视障辅助技术人员的专业培训，也可作为残联各级领导干部和相关人员学习业务知识的参考资料。

教材编写工作得到了相关专业领域专家和实践工作者的大力支持，本书承蒙首都医科大学附属北京同仁医院孙葆忱教授审阅并作序；北京市盲人学校朱志容结合教学实践提出了宝贵意见；香港理工大学胡志城教授、中山大学中山眼科中心曾骏文副院长应邀对教材内容进行了审核。在此一并致谢！

由于编者水平有限、时间仓促，书中难免存在疏漏和不足之处，敬望广大读者不吝指正。

编委会

2017 年 7 月

目 录

第一章 眼科视光学基础知识 ············· 001

第一节 眼的解剖与生理 ············· 001
一、眼球 ············· 002
二、视路 ············· 005
三、眼的附属器 ············· 007

第二节 视光学基础知识 ············· 011
一、透镜 ············· 011
二、三棱镜 ············· 015
三、眼的光学系统 ············· 018

第三节 视力障碍的原因 ············· 022
一、眼球视觉系统障碍 ············· 022
二、大脑知觉功能障碍 ············· 028

第二章 常用眼科检查设备简介 ············· 031

第一节 裂隙灯显微镜检查 ············· 031
一、裂隙灯显微镜的构造 ············· 031
二、裂隙灯显微镜的使用原理 ············· 032
三、裂隙灯显微镜的应用技术 ············· 032

第二节 眼后段检查设备简介 ············· 036
一、检眼镜 ············· 036
二、前置镜检查 ············· 038

第三章 视力障碍概述 ············· 039

第一节 视力障碍的定义及分类 ············· 039
一、症状 ············· 039
二、视力障碍的分类 ············· 040

　　　　三、视力障碍康复研究发展史 ·· 041
　第二节　盲和低视力的诊断标准 ·· 043
　　　　一、世界卫生组织标准 ·· 043
　　　　二、我国盲及低视力的定义 ·· 044
　第三节　我国视力障碍流行病学情况 ·· 045
　第四节　视障康复目标 ·· 046
　第五节　视障康复措施 ·· 047
　　　　一、视障人士的心理疏导 ·· 047
　　　　二、各类视觉辅助设备的应用 ·· 047
　　　　三、非视觉性辅助设备 ·· 047
　　　　四、视障人士技能训练和环境改造 ·· 047
　第六节　视障康复团队组成 ··· 048

第四章　视力障碍的诊断与评估 ·· 049

　第一节　诊断与评估目的 ·· 049
　第二节　诊断与评估步骤 ·· 049
　　　　一、病史采集 ·· 049
　　　　二、视功能评估 ·· 050
　　　　三、生存质量评估 ·· 061
　　　　四、康复需求评估 ·· 063
　　　　五、康复服务流程 ·· 064

第五章　视力障碍辅助器具 ·· 065

　第一节　视障辅具的概念与分类 ·· 065
　　　　一、视觉性辅具 ·· 065
　　　　二、非视觉性辅具 ·· 065
　第二节　视觉性辅助器具 ·· 066
　　　　一、光学助视器 ·· 066
　　　　二、电子助视器 ·· 071
　　　　三、非光学助视器 ·· 073
　第三节　非视觉性辅助设备或装置 ·· 075
　　　　一、听觉补偿 ·· 075

二、触觉补偿 ··076
第四节　视障辅具新进展 ··076
　　一、听觉补偿类助视器 ···077
　　二、触觉补偿类助视器 ···077

第六章　视障辅具适配 ···079

第一节　适配原则 ··079
第二节　适配步骤 ··080
第三节　常用视障辅具适配 ···081
　　一、近用眼镜式助视器 ···081
　　二、手持放大镜 ···082
　　三、镇纸式放大镜 ···083
　　四、胸挂式助视器 ···084
　　五、中远距离眼镜式助视器 ···085
　　六、望远镜 ···086
　　七、手持电子助视器 ···087
　　八、台式电子助视器 ···088
　　九、滤光镜 ···089
　　十、听书机 ···090
　　十一、语音寻物器 ···091
　　十二、盲杖 ···092

第七章　视障辅具使用训练 ···095

第一节　视障辅具使用训练须知 ···095
第二节　光学助视器的使用训练 ···097
　　一、近用光学助视器的使用技巧 ···097
　　二、远用光学助视器的使用技巧 ···099
第三节　电子助视器使用训练 ···103
　　一、台式电子助视器 ···104
　　二、电子助视器的使用技巧 ···104
　　三、手持电子助视器 ···106

第四节　非光学助视器使用训练 ·· 106
　　一、改善照明 ·· 106
　　二、增强对比度 ·· 107
　　三、控制眩光 ·· 107
　　四、放大目标物 ·· 107
　　五、非光学的适应性装置 ·· 108

第五节　使用视障辅具的阅读训练 ·· 108
　　一、使用助视器的阅读训练 ·· 108
　　二、使用其他辅助器具的阅读训练 ·· 110

第八章　视力障碍的康复 ·· 113

第一节　概述 ·· 113
　　一、定义 ·· 113
　　二、内容 ·· 113
　　三、原理 ·· 114

第二节　康复训练 ·· 115
　　一、康复训练体系 ·· 115
　　二、康复训练准备 ·· 116
　　三、技能训练 ·· 118
　　四、视觉认知训练 ·· 119
　　五、视觉相关肌能训练 ·· 120
　　六、其他感觉器官的辅助视觉作用 ·· 121
　　七、确定暗点和旁中心注视的训练 ·· 121

第三节　定向行走训练 ·· 122
　　一、定向行走的必要性 ·· 123
　　二、定向行走训练的意义 ·· 123
　　三、定向行走技能和方法 ·· 123
　　四、行走技术 ·· 124
　　五、定向行走训练的步骤 ·· 129
　　六、定向行走场景模拟训练 ·· 134

第四节　日常生活技能训练 ·· 135
　　一、视障人士自我管理能力的训练 ·· 136
　　二、成年视障人士日常生活技能康复 ·· 136

三、日常生活技能训练的意义 ·· 137

第五节　心理康复 ··· 137

　　　一、先天性视障人士的心理特点 ·· 137

　　　二、后天性视障人士的心理特点 ·· 138

　　　三、心理康复的特点 ·· 139

　　　四、心理康复的影响因素 ·· 139

　　　五、心理康复的协助 ·· 139

　　　六、心理康复的措施 ·· 140

第六节　工作训练和社区康复 ··· 140

　　　一、视障人士工作训练 ··· 140

　　　二、视障人士社区康复 ··· 141

第九章　儿童视障康复·· 143

第一节　概述 ·· 143

　　　一、儿童视障流行病学特点 ··· 143

　　　二、儿童视障常见病因及康复 ·· 144

第二节　儿童视障康复措施 ·· 146

　　　一、普通儿童视功能发育特点 ·· 146

　　　二、儿童视力障碍的特点 ·· 147

　　　三、视力障碍对认知的影响 ··· 149

　　　四、儿童视功能检查 ·· 149

　　　五、儿童视障早期筛查流程 ··· 153

　　　六、儿童视障康复特殊性 ·· 156

　　　七、视障康复与医教结合 ·· 161

　　　八、低视力与弱视 ··· 163

第十章　老年视障康复·· 165

第一节　概述 ·· 165

　　　一、老年视障流行病学特点 ··· 165

　　　二、老年视障常见病因 ··· 166

第二节　老年视障康复措施 ·· 169

　　　一、老年视功能生理特点 ·· 169

二、老年视障的特点 ……………………………………………………………… 170
三、老年视障辅助技术 …………………………………………………………… 170
四、老年视障与环境改善 ………………………………………………………… 171
五、老年视障与医养结合 ………………………………………………………… 172

参考文献 …………………………………………………………………………… 175

第一章

眼科视光学基础知识

>>> **本章要求**

1. 掌握眼的屈光系统组成。
2. 掌握眼屈光不正的分类。
3. 熟悉各种常见致视力障碍眼病。
4. 熟悉球面透镜的常用光学名词。
5. 熟悉三棱镜的结构。
6. 了解视路与视力障碍的特点。

人眼是如何看清物体的?外界物体产生或反射的光线通过角膜、房水、从瞳孔进入,再经过晶状体的折射,通过玻璃体到达视网膜。视网膜上的视锥、视杆细胞在受到光刺激后,将光信号转变成生物电信号;通过视神经系统传至大脑皮质中枢,再根据人的经验、记忆、分析、判断、识别等极为复杂的过程而形成视觉,在大脑中形成物体的形状、颜色等概念。视觉的形成需要有完整的进行视觉信息采集、传递和分析的组织器官,包括眼球和大脑皮质,以及两者之间的视路系统。

正常视觉,即视力形觉、色觉、光觉、对比敏感度及视野均在规定的正常标准范围内者,如成人中心视力在 1.0 以上,无色觉障碍,明适应、暗适应均在正常范围等。由各种原因导致视觉器官(包括眼球、眼神经)及大脑神经中枢的结构或功能发生部分或全部障碍,表现为双眼不同程度的视力下降或视野缩小,而难以从事一般人的工作、学习或其他活动,以致限制或阻碍了根据其年龄、性别、社会与文化条件能发挥的正常作用。本章学习的眼解剖与生理,视力障碍的原因分析及眼科视光学相关基础知识,有助于进一步掌握视力障碍的诊断、视力障碍辅助器具(视障辅具)的适配。

第一节 眼的解剖与生理

眼,即视觉器官,是人类最主要的感觉器官之一,能够接受外部的光刺激,并将其转换为电信号,形成神经冲动,传送到大脑中枢,引起视觉。人类摄取的信息 80%~83%

是由眼来完成，人的视觉对于工作、学习和生活的影响巨大，眼病及大脑神经通路的病变导致的视力障碍，都会给个人和社会造成巨大的负面影响。

眼包含眼球、视路和眼附属器三部分。

一、眼球

眼球包括眼球壁和眼内容物，见图 1-1-1。

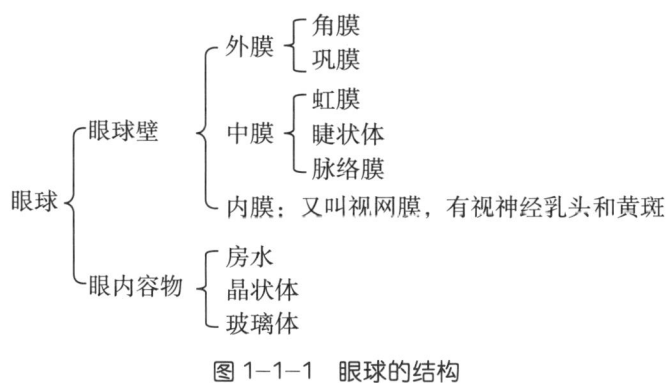

图 1-1-1 眼球的结构

（一）眼球壁

眼球壁分为三层，外层为纤维膜，中层为葡萄膜，内层为视网膜。如图 1-1-2 所示。

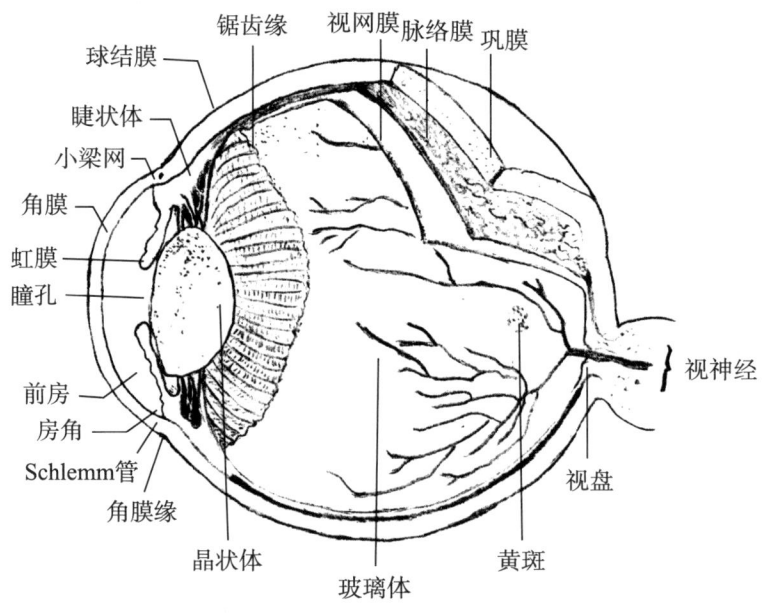

图 1-1-2 眼的解剖

1. **纤维膜** 由角膜和巩膜构成。

（1）角膜：位于眼球前部，纤维壁前 1/6，横径约 11.5~12mm，垂直径约 10.5~11mm。

角膜曲率半径的前表面约为 7.8mm，后表面约为 6.8mm。角膜厚度中央部约 0.5~0.55mm，周边部约 1mm。角膜透明，无血管，有丰富的感觉神经丛。

组织学上分为上皮细胞层、前弹力层、基质层（占角膜厚度 90%）、后弹力层、内皮细胞层，共 5 层，营养来源主要依靠角膜缘血管网和房水。角膜是主要的屈光间质，屈光度为 43~44D，占眼球总屈光力的 3/4。角膜在一定程度上起到保护作用，是光线进入眼球的第一道关口。角膜前的泪液膜，可防止角膜干燥和角化，保持角膜光滑、潮湿和良好的光学性能。

（2）巩膜：质地坚韧，不透明呈乳白色，俗称"眼白"，由致密相互交错的纤维组成，前接角膜，后部与视神经交接处巩膜分内外两层，外 2/3 移行于视神经鞘膜，内 1/3 呈网眼状，称巩膜筛板，视神经纤维束由此处穿出眼球。巩膜厚度各处不同，眼外肌附着处最薄（约 0.3mm），视神经周围最厚（约 1.0mm）。

组织学上分为表层、实质层和棕黑层，表层巩膜有致密的血管结缔组织，角膜缘后的区域有巩膜内血管丛（房水静脉）。此外贯通巩膜全层的巩膜导血管内有动脉、静脉和神经通过。其余巩膜几乎无血管。角巩膜缘是角膜与巩膜的移行区，由透明的角膜嵌入不透明的巩膜内，并逐渐过渡到巩膜。巩膜主要起保护眼球，维持眼球形状和保护眼球内容物的作用。角巩膜缘是房水排出的主要通道，又是许多内眼手术切口的标志部位。

2. 葡萄膜　由虹膜、睫状体和脉络膜构成。

（1）虹膜：多呈圆盘状，位于角膜后、晶状体前，将眼球前部腔隙分隔成前房和后房。虹膜颜色因种族不同而异，我国人多呈棕褐色。虹膜中央有一直径为 2.5~4.0mm 的圆孔，称瞳孔。虹膜内有环形瞳孔括约肌和放射状瞳孔开大肌，受神经支配调节瞳孔大小。虹膜的主要功能是：①根据外界光线的强弱，通过瞳孔反射通路使瞳孔扩大或缩小，调节进入眼内的光线，保证视网膜成像清晰。②虹膜组织血管丰富且密布三叉神经等神经纤维网，在炎症反应时反应严重且伴有剧烈的眼部疼痛。

（2）睫状体：呈环状带，宽 6mm，自虹膜根部延伸至脉络膜前缘，横切面呈三角形，靠近虹膜根部呈凸起状，称睫状冠，宽 2mm，表面有白色辐射状隆起，称睫状突。后部平滑，称睫状环。睫状肌的环形纤维舒缩对晶状体的凸度起着调节作用，其内有睫状肌，收缩时悬韧带松弛，晶状体借本身的弹性增加凸度，加大屈光力，使视近物清晰。

睫状体主要由睫状肌和睫状上皮细胞组成。睫状肌由外侧的纵行、中间的放射状和内侧的环形三组肌纤维构成，纵行肌纤维向前分布可达小梁网。睫状肌是平滑肌，受副交感神经支配。睫状上皮细胞层由外层的色素上皮和内层的无色素上皮二层细胞组成。

（3）脉络膜：位于巩膜内侧面，前接睫状体的锯齿缘，后止于视盘周围，介于视网膜与巩膜之间，其内面覆盖视网膜。脉络膜组织由外向内分为脉络膜上层、血管层和玻璃膜层。脉络膜有丰富的血管和色素细胞，起营养眼内组织和遮光作用。其血管多、血容量大，为视网膜外层和黄斑区提供血液。

3. **视网膜** 为眼球壁的最内层，外附脉络膜，内邻玻璃体，是形成视觉信息的第一站。

视网膜细胞和组织由外向内可分为10层，依次为：色素上皮层、视细胞层、外界膜、外核层、外丛状层、内核层、内丛状层、神经节细胞层、神经纤维层、内界膜。视网膜是由三级神经元构成。第一级神经元为光感受器细胞，分视锥细胞、视杆细胞两种。第二级神经元为双极细胞，起联络第一级和第三级神经元的作用。第三级神经元为神经节细胞，其轴突向视盘汇集，形成视神经，起传导神经冲动作用。视网膜的中央，相当于眼球后极部，为黄斑区，主要为视锥细胞聚集；周边视网膜主要为视杆细胞。视锥细胞主司昼光觉、色觉、光敏感性差，但视敏度、空间分辨高，视杆细胞对微弱光线更敏感，与暗适应能力相关。黄斑鼻侧3mm处有一淡红色圆形区，是神经节细胞轴突汇集成视神经穿出眼球处，称视盘，又称视乳头。视盘直径约1.5mm，中央漏斗状凹陷称视杯（生理凹陷）。

视网膜的主要功能是：①视觉：视网膜内的视觉信息以光感受器、双极细胞和神经节细胞三个神经元进行传递，最后由神经纤维沿视路将视信息传递至视觉中枢。②视杆细胞主司暗视觉及暗适应。③视锥细胞主司明视觉及明适应。④色觉：视网膜感受、辨识不同波长光。⑤形觉：识别出由两个或多个分开的不同空间来的刺激。

（二）眼的内容物

眼的内容物包含房水、晶状体和玻璃体。

1. **房水** 无色透明的液体，占眼内容积的4%，是经由睫状突上皮产生进入后房，经瞳孔流入前房，再经前房角、小梁网流入巩膜静脉窦（Schlemm管）、集液管和巩膜内静脉（房水静脉），最后经睫状前静脉进入血液循环。它能够营养角膜、晶状体、玻璃体和维持眼压，同时也是屈光介质之一。

2. **晶状体** 呈双凸透镜状，无色透明，有弹性，位于瞳孔和虹膜之后、玻璃体前方，借悬韧带与睫状体相连而固定其位置，由晶状体囊、晶状体纤维组成，外面有晶状体囊。直径约9~10mm，厚约4~5mm。老年时由于睫状肌功能减弱，晶状体弹性下降，视近物时调节力下降，事物不清，出现老视（即老花）；晶状体混浊时称白内障。

晶状体的主要功能是：①眼球屈光系统的重要组成部分，屈光指数为1.44。②调节功能：视近物时，睫状肌收缩，悬韧带放松，弹性变凸，折光力加强；视远物时则相反。③过滤紫外线，避免视网膜遭受损伤。

3. **玻璃体** 是一种透明凝胶，位于眼球的玻璃体腔内，占眼球内容积的4/5，约4.5mL。表面为玻璃体囊，前面与晶状体后面吻合，后面与整个视网膜紧密接触。玻璃体和房水一样是屈光间质之一,同时也有支撑视网膜、保持眼球形态和维持眼内压的功能。当玻璃体支持作用减弱或出现浑浊牵拉时,容易造成视网膜剥离。

先天性的眼球异常常合并有遗传性的解剖结构改变,导致先天性白内障、先天性无虹膜等引起视力障碍的疾病。角膜、房水、晶状体及玻璃体等屈光间质透明度的改变,直接导致视力下降。

二、视路

视路由视网膜光感受器起至大脑枕叶皮质的视觉中枢为止的整个视觉传导路径。临床上通常指从视神经开始,经视交叉、视束、外侧膝状体、视放射到枕叶视觉中枢的神经传导通路,如图 1-1-3。

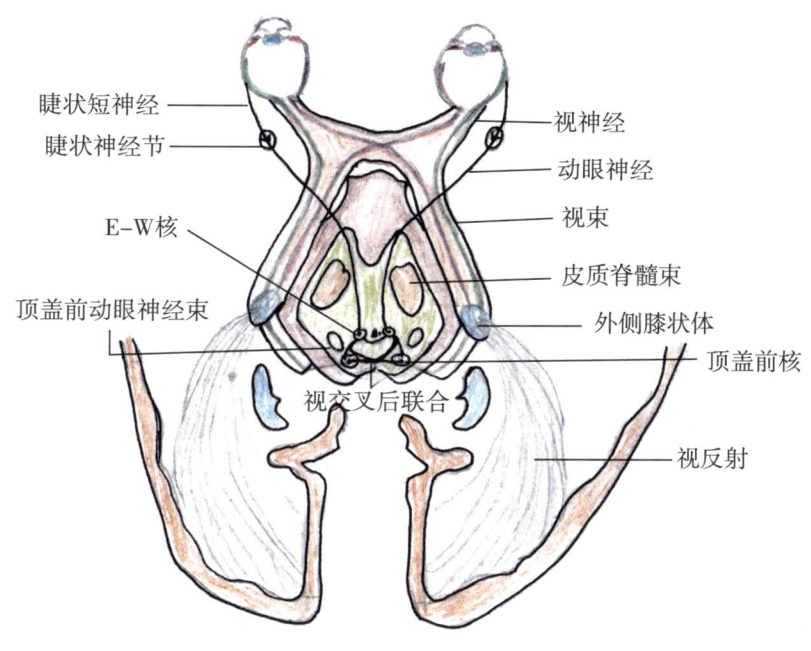

图 1-1-3 视路

1. 视神经 是中枢神经系统的一部分。从视盘起至视交叉前脚这段神经称视神经,全长约 40mm。按其部位划分为:眼内段、眶内段、管内段和颅内段四部分。

(1)眼内段:通常称视神经乳头,是从视盘开始,约 100 万~120 万个神经节细胞轴突组成的神经纤维,成束穿过巩膜筛板出眼球,长约 1mm。可分四部分:神经纤维层、筛板前层、筛板和筛板后区。临床上可从眼底视见神经纤维层(橙红色)、筛板前层中央部分(杯凹),有时可见到视杯底部的小灰点状筛孔,即筛板。筛板前的神经纤维无髓鞘(直径 1.5mm),筛板以后开始有髓鞘包裹(直径 3.0mm)。眼内段视神经血供来自视网膜动脉分支和睫状后短动脉分支。

（2）眶内段：长约 25mm，位于肌锥内，较眼球后部至视神经孔的距离（18mm）要长，以利于眼球转动。视神经外由视神经鞘膜包裹，此鞘膜是三层脑膜的延续。鞘膜间隙与颅内同名间隙连通，有脑脊液填充。在距眼球 10~15mm 处盘斑束逐渐转入视神经的中轴部，来自视网膜其他部位的纤维，仍位于视神经的相应部位。眶内段视神经血供主要来自眼动脉分支和视网膜中央动脉分支。

（3）管内段：即视神经通过颅骨视神经管的部分，长 4~9mm。鞘膜与骨膜紧密相连，以固定视神经。此段与眼动脉伴行并由其供血，神经纤维排列不变。

（4）颅内段：为视神经出视神经骨管后进入颅内到达视交叉前脚的部分，约为 10mm，直径 4~7mm。颈内动脉和眼动脉供血。

2. **视交叉** 是两侧视神经交汇处，呈长方形，横径约为 12mm，前后径 8mm，厚 4mm 的神经组织。此处的神经纤维分二组，来自两眼视网膜的鼻侧纤维交叉至对侧和来自颞侧的纤维不交叉。黄斑部纤维占据视神经和视交叉中轴部的 80%~90%，亦分成交叉纤维和不交叉纤维。

视交叉与周围组织的解剖关系：前上方为大脑前动脉及前交通动脉，两侧为颈内动脉，下方为脑垂体，后上方为第三脑室。这些部位的病变可侵及视交叉而表现为特征性的视野损害。

3. **视束** 为视神经纤维经视交叉后位置重新排列的一段神经束。离开视交叉后分为二束绕大脑脚至外侧膝状体。来自下半部视网膜的神经纤维（包括交叉的和不交叉的）位于视束的外侧，来自上半部视网膜的神经纤维（包括交叉的和不交叉的）位于视束的内侧，黄斑部神经纤维起初位于中央，以后移向视束的背外侧。

4. **外侧膝状体** 位于大脑脚外侧，卵圆形，由视网膜神经节细胞发出的神经纤维约 70% 在此与外侧膝状体的节细胞形成突触，换神经元（视路的第四级神经元）后再进入视放射。在外侧膝状体中，灰质和白质交替排列，白质将灰质细胞分为 6 层，由对侧视网膜而来的交叉纤维止于第 1、4、6 层，由同侧视网膜而来的不交叉纤维止于第 2、3、5 层。

5. **视放射** 是联系外侧膝状体和枕叶皮质的神经纤维结构。换元后的神经纤维通过内囊和豆状核的后下方呈扇形散开，分成背侧、外侧及腹侧三束，绕侧脑室颞侧角形成 Meyer 襻，到达枕叶。

6. **视皮质** 位于大脑枕叶皮质相当于 Brodmann 分区的 17、18、19 区，即距状裂上、下唇和枕叶纹状区，是大脑皮质中最薄的区域。每侧与双眼同侧一半的视网膜相关联，如左侧视皮质与左眼颞侧和右眼鼻侧视网膜相关联。视网膜上部的神经纤维终止于距状裂上唇，下部的纤维终止于下唇，黄斑部纤维终止于枕叶纹状区后极部。交叉纤维在深内颗粒层，不交叉纤维在浅内颗粒层。

由于视觉纤维在视路各段排列不同,所以在神经系统某部位发生病变或损害时对视觉纤维的损害各异,表现为特定的视野异常。因此,检出这些视野缺损的特征性改变,对中枢神经系统病变的定位诊断具有重要意义。

三、眼的附属器

眼的附属器是支持和保护眼球,以及使眼球运动的一些组织器官结构,包括眼眶、眼睑、结膜、泪器和眼外肌。

(一)眼眶

眼眶是由额骨、蝶骨、筛骨、腭骨、泪骨、上颌骨和颧骨七块颅骨组成,容纳眼球、眼肌、血管、神经、泪腺、脂肪、筋膜等的四边锥形骨窝,见图1-1-4。眼眶与额窦、筛窦、上颌窦、蝶窦相邻,眶尖有一孔二裂,内有视神经、动眼神经、滑车神经、外展神经、三叉神经、眼动脉和眼静脉通过。成人眶深为40~50mm,容积为25~28mL,新生儿的眼眶体积较小,7岁末发育接近完成,由于鼻旁窦发育较晚,8岁到青春期前后,眼眶在颜面的位置还受鼻旁窦发育的影响。部分先天性眼病的视障人士由于眼球未正常发育或小眼球,而导致青春期后眼眶畸形。眼眶的主要功能是保护眼球,缓冲外界的冲击。眼眶有四个壁:上壁、下壁、内侧壁、外侧壁,眼眶外壁较厚,其前缘稍偏后,眼球暴露较多,有利外侧视野开阔,但是这也增加了外伤机会,其他三壁骨质较薄,易受外力作用而发生骨折。此外,眶外上角有泪腺窝;内上角有滑车窝;内侧壁前下方有泪囊窝,泪囊窝前缘为泪前嵴,为泪囊手术的重要解剖标志。

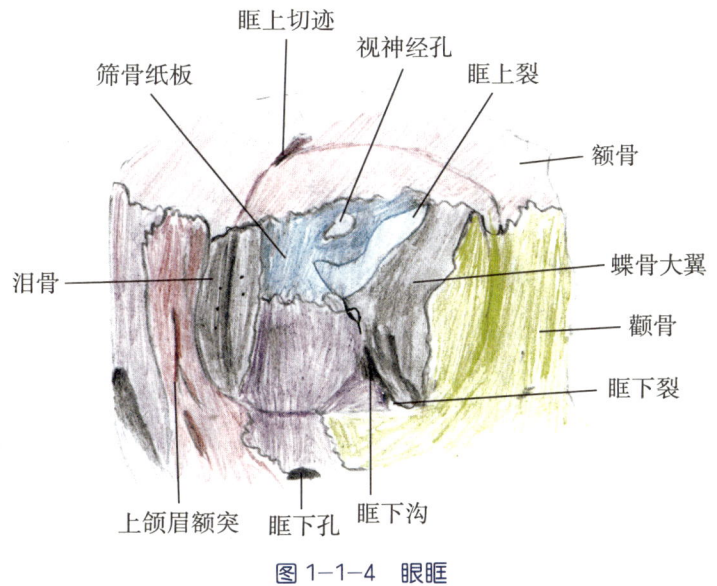

图1-1-4 眼眶

眶内在眼球、眼外肌、泪腺、血管、神经和筋膜等组织间有脂肪填充、起软垫作用，眶内无淋巴结。眼眶前部有一弹性的结缔组织膜，连接眶骨和睑板，与眼睑形成隔障，称眶隔。

眼眶病常包括有先天性的眼眶疾病、眼眶肿瘤、眼眶炎症、眼眶外伤和眼眶血管性疾病，全身性疾病合并眼眶病。这些眼眶病常导致眼球及视神经挤压、浸润和损伤，最后可以引起视力障碍。

（二）眼睑

眼睑位于眼眶前部，是覆盖在眼球表面的软组织，分为上睑、下睑，具有遮光、保护眼球的作用，见图1-1-5。上、下睑缘间的裂隙称为睑裂，正常平视时，睑裂高度约为8mm，上睑遮盖角膜上部1~2mm，其内外连接处分别称为内眦和外眦。内眦处有一个小的肉样隆起称为泪阜，上下睑缘和内侧端各有一乳头状突起，其上有一个点称为泪小点，瞬目（即眨眼）时使泪液均匀涂布眼表，使角膜保持光泽、湿润，可以清除结膜囊内的灰尘和细菌。眼睑从外向内分五层：皮肤层、皮下组织层、肌层、睑板层、结膜层。

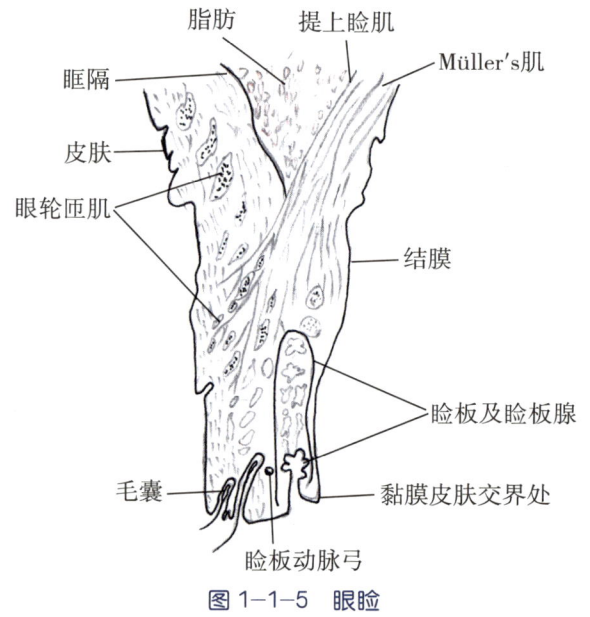

图1-1-5 眼睑

睫毛从上下睫毛的前唇长出，是2~3排粗杆短毛，上睑睫毛比下睑多，约100~150根，长度为8~12mm。下睑睫毛数约50~70根，长度为6~8mm。闭眼时，上下睑睫毛不交织。通常儿童时期睫毛较长，弯曲度也稍大。人的一生中睫毛不断更新，一般寿命为3~5个月。拔除的睫毛于1周后重新长出，10周可以达到原来的长度。

睫毛有保护作用。上下睑缘睫毛似排排卫士，排列在睑裂边缘，是眼睛的第二道防线，若有尘埃等异物碰到睫毛，眼睑会反射性地合上，以保护眼球不受外来的侵犯，有遮光、防止异物进入眼内和对眼球进行保护的作用，睫毛还能防止紫外线对眼睛的伤害。

部分视障人士用眼不卫生，常合并有眼睑的炎症，引起眼异物感及麦粒肿、霰粒肿等。

（三）结膜

结膜是一层薄而半透明的黏膜，柔软光滑而富有弹性，血管丰富，覆盖于睑板和巩膜表面，见图1-1-6。可分为三部分：

1. 睑结膜 透明而光滑，紧贴于睑板内面，与睑板紧密粘连，不能被推动，正常情况下可见小血管走行和透明部分睑板腺管。

2. 球结膜 覆盖于眼球前部巩膜表面，于角膜缘部移行为角膜上皮，容易推动。

3. 穹隆结膜 为球结膜和睑结膜的移行部分，组织松动，多皱褶，便于眼球移动。

结膜的杯状细胞、副泪腺能分泌黏蛋白与水样液，参与泪膜的组成，润滑眼球表面，以减少结膜与角膜的摩擦。

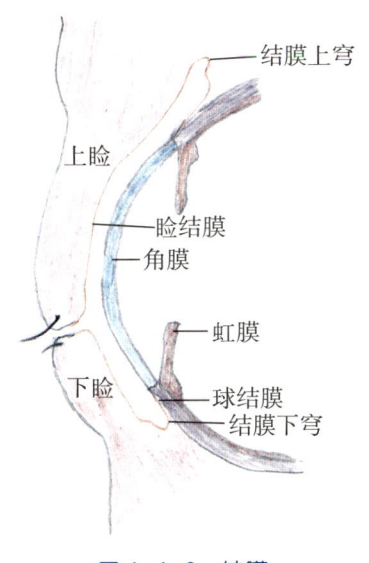

图 1-1-6　结膜

结膜病是眼科最常见的疾病之一，常与其他眼病合并发生。视障人士用眼不卫生可引起细菌性结膜炎、病毒性结膜炎，出现眼红、分泌物增多，影响日常生活。

（四）泪器

泪器包括泪腺和泪道两部分：泪腺位于眼眶外上方的泪腺窝内，泪道由上下泪小点、上下泪小管、泪囊和鼻泪管构成，见图1-1-7。泪液为弱碱性透明液体，由水、蛋白质、无机盐、免疫球蛋白、溶菌酶、补体系统、β溶素及乳铁蛋白构成，由泪腺产生后经泪小点、泪小管达泪囊，再经鼻泪管入下鼻道。泪液有着很大的功能：①保护作用，当外界刺激侵入眼部时，眼球反射性地分泌大量泪液，起到冲洗眼球表面、稀释刺激物的作用，从而使角膜、结膜免受损伤。②提高角膜的光学性能，在角膜表面形成平滑的泪液薄膜，使角膜表面平整光滑，减少散光，同时，角膜上皮借薄膜进行氧的交换。③杀灭病菌的能力，泪液中的溶菌酶和免疫球蛋白能消灭或抑制从空气中侵入结膜内的病原微生物。

泪器病虽然不会严重影响视力，但对于眼睛存在细菌感染的威胁，而且会由于溢泪而影响生活质量。

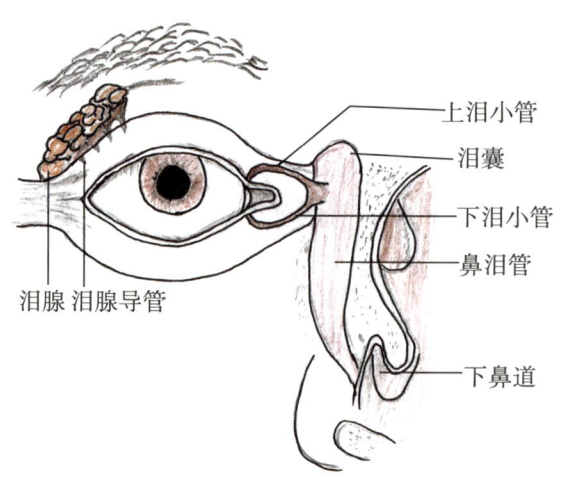

图 1-1-7 泪器

(五) 眼外肌

眼外肌是附着于眼球外部的肌肉，与眼内肌（睫状肌、瞳孔开大肌和瞳孔括约肌）相对的名称，是使眼球运动的肌肉，每眼各有 6 条，按其走行方向分直肌和斜肌。直肌 4 条即上、下、内、外直肌，它们均起自眶尖部视神经孔周围的总腱环，向前展开越过眼球赤道部，分别附着于眼球前部的巩膜上。斜肌 2 条是上斜肌和下斜肌，上斜肌起自眶尖总腱环旁蝶骨体的骨膜，沿眼眶上壁向前至眶内上缘，穿过滑车向后转折，经上直肌下面到达眼球赤道部后方，附着于眼球的外上巩膜处；下斜肌起自眼眶下壁前内侧上颌骨眶板近泪窝处，经下直肌与眶下壁之间，向后外上伸展附着于赤道部后外侧的巩膜上，见图 1-1-8。

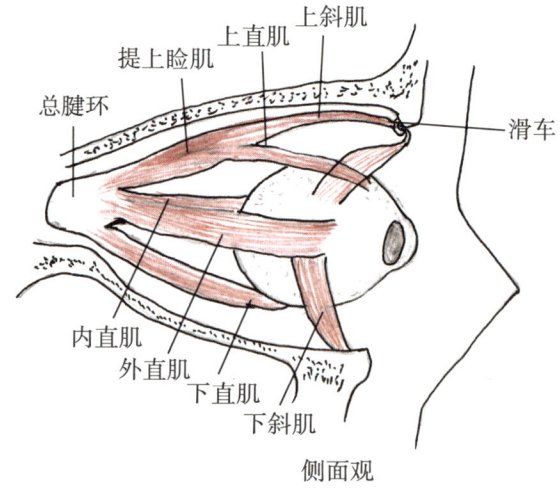

图 1-1-8 眼外肌

眼外肌的血液由眼动脉的肌支供给，眼外肌互相协作，使眼球能正常转动。眼外肌对眼球的作用，是指眼睛向正前方平视时而言，当变动眼位时，各肌的作用也有所变动。眼球的每一项运动，都是各肌协作共同完成的，两眼的运动也必须协调一致，见表1-1-1。

表1-1-1　各眼外肌的功能及神经支配表

眼外肌名称	主要功能	次要功能	神经支配
外直肌	外转		外展神经
内直肌	内转		动眼神经
上直肌	上转	内转内旋	动眼神经
下直肌	下转	内转外旋	动眼神经
上斜肌	内旋	下转外转	滑车神经
下斜肌	外旋	上转外转	动眼神经

视障人士常伴有斜视、眼球震颤和固视不良，婴幼儿早期容易产生调节性内斜，在青少年期容易产生废用性外斜，主要是双眼视觉的缺失和眼球运动不协调所导致。

第二节　视光学基础知识

视力与眼内屈光系统密切相关，当人眼屈光不正未矫正时，出现视物模糊，检查发现视力下降。屈光不正（近视、远视、散光）需要用透镜进行矫正，对于有些斜视患者，需要用棱镜进行矫正。因此，了解眼内光学系统、透镜适配及三棱镜在屈光不正的处理中有重要意义。

一、透镜

眼球光学系统中的角膜、房水、晶状体和玻璃体，就像一个个透镜，组合形成一组复合透镜。光学系统是按照一定的方式由一个或多个光学透镜组合形成的，大部分属于共轴球面系统。共轴球面系统的光轴由位于同一条直线上的各个光学透镜的球心连接而成。利用透镜成像规律设计出各种远近用光学助视器能有效提高视障人士的残余视力。

（一）基本成像概念

1. **透镜**　透镜是一种基本的光学元件，能改变光线的方向，即一束入射光线通过透镜，它出射光线的方向将被改变（经过光心的光线除外）。这里的透镜主要指球面透镜，按形状和作用可分为两大类：一类为凸透镜（又称正透镜），中间厚边缘薄，能会聚光线

(图1-2-1);另一类为凹透镜(又称负透镜),中间薄边缘厚,能发散光线(图1-2-2)。凸透镜会使所有通过的平行于主光轴的光线汇聚成一点,因此有一个实焦点。凹透镜能使所有通过的平行于主光轴的光线散射,不能形成一个实焦点,在散射光线的反方向延伸得到一点,这一点称为镜片的虚焦点。光在均匀介质中沿直线传播。

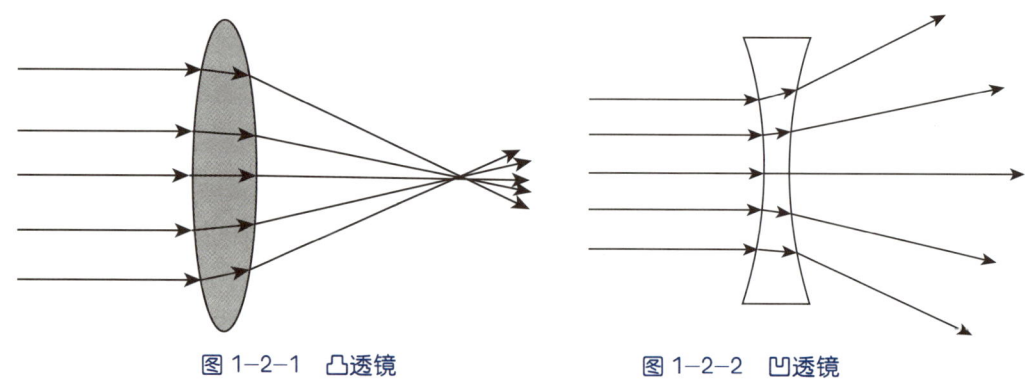

图1-2-1 凸透镜　　　图1-2-2 凹透镜

2. 成像概念　由透镜组成的光学系统其基本作用是进行光束变换,它接收由物体表面各点发出的同心光束,经过系统的一系列折射和反射后,变换成一个新的同心光束,最终生成物像,被人眼或其他接收器接收。

实像由实际光线会聚而成,可以直接被屏幕、底片或光电器件接收或记录。虚像由实际光线的延长线相交形成,只能被眼睛观看,不能被屏幕或其他器件接收。

3. 透镜常用光学名词

光学中心(O):简称光心,通过该点的光线不发生屈折,按原方向传播。

焦点(F):平行于主轴的光线经过透镜后会聚于主光轴上一点F,这一点是凸透镜的焦点。

焦距(f):焦点F到透镜光心O的距离叫焦距,用f表示。

物距(u):物体到透镜光心的距离称物距,用u表示。

像距(v):物体经透镜所成的像到凸透镜光心的距离称像距,用v表示。

折射率(n):某种介质的折射率n等于光在真空中的速度c跟光在介质中的速度v之比。空气的折射率为1。

屈光力(F):单位为屈光度,符号为D,表示透镜对光线的曲折能力,透镜的面屈光力与透镜的焦距、半径、折射率以及光学介质的折射率相关,在视光学中用来表示眼镜片的度数。

$$F = \frac{n'-n}{r} = \frac{n'}{f'} = -\frac{n}{f}$$

在空气中,$F = \frac{1}{f}$

（二）球面透镜的成像规律和屈光力

1. 凸透镜成像规律 根据物体与焦点之间的相对位置不同，凸透镜成像情况也发生改变，如图1-2-3。

（1）物距大于2f成像规律（AB）：成倒立、缩小的实像（A'B'），像与物异侧，物距大于像距。其主要应用在：照相机、人的眼睛。

（2）物距小于2f、大于f的成像规律（CD）：成倒立、放大的实像(C'D')，像与物异侧，物距小于像距。其主要应用在：幻灯机、显微镜、电影放映机。

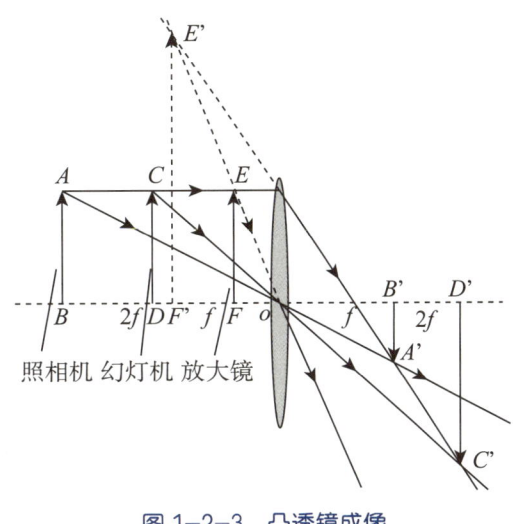

图1-2-3 凸透镜成像

（3）物距小于f成像规律（EF）：成正立、放大的虚像（E'F'），像与物同侧，物距小于像距的绝对值。其主要应用在：放大镜、老花镜。

2. 凹透镜成像规律 无论物体的位置在焦点以内还是焦点以外，它经凹透镜折射后所成的像，均为缩小、正立的虚像，像与物同侧。

3. 球面透镜的成像规律 从表1-2-1中可以看出，根据物距的不同，成像情况也发生改变。

表1-2-1 球面透镜成像规律

透镜种类	物距（u）	像距（v）	成像性质	应用
凸透镜	u>2f	f<v<2f	倒立 缩小 实像	照相机、人眼
	u=2f	v=2f	倒立 等大 实像	等大像法测焦距、影印机
	f<u<2f	v>2f	倒立 放大 实像	幻灯机、投影仪、放映机
	u=f	无穷远处	不成像	灯塔、探照灯
	u<f	v>u	正立 放大 虚像	放大镜
凹透镜	镜前（任何位置）	V<f	正立 缩小 虚像	近视眼镜

4. 球面透镜屈光力

（1）屈光力的计算：球镜各方向上的曲率半径均相等，各子午线上的屈光力数值一致，故球镜在眼用镜片中也称为单光片，其屈光力（F）等于透镜焦距（f）的倒数。

例1：凸透镜的焦距为40cm，其屈光力为

$$F = \frac{1}{f} = \frac{1}{+0.4} = +2.5D$$

（2）屈光力的表示方法：球镜的屈光力以缩写DS（diopter of spherical power）表示。屈光度表示方法通常以1/4DS为间距，如±0.25DS，±0.50DS，±0.75DS。若透镜的屈光力为0.00DS，称为平光透镜。在镜片箱或综合验光仪上，屈光力表示方法以1/8DS为间距，但表示为小数时，将第三位小数的"5"舍去，如±0.12DS，±0.37DS，±0.62DS，±0.87DS等。但两者相加时，仍然将舍去的"5"计算在内，如−0.12DS+（−0.12DS）=−0.25DS。

（3）透镜的放大率：

①线放大率：由透镜或球面反射镜成像时，像的高度与原物高度之比称为线放大率。适用于照相机、投影仪等光学仪器。

②角放大率：使用助视器观察物体时，像对眼的张角（即视角）与直接用眼观察物体时的视角之比称为角放大率。当目标离眼太远或目标无法向眼前移近时，都可以利用角性放大作用。

凸透镜对目标可以产生放大作用，放大程度取决于它的屈光度数。凸透镜用作放大镜时的角放大率M=25cm（明视距离）/透镜的焦距，或透镜的屈光度/4.00D（明视距离所需的调节力），即：

$$M = \frac{25}{f} = \frac{F}{4}$$

式中f为透镜的焦距，F为透镜的屈光度。

例如：

一个放大镜的焦距为10cm，其角放大率M=25/10=2.5倍，通常写作2.5x。

一个放大镜的屈光度为+12.00D，其角放大率M=+12.00/4.00=3倍，通常写作3x。

③透镜在光学助视器中的应用：助视器的放大作用是增大目标视角，即增大目标在视网膜上的成像，从而提高辨别能力。有四种方法可以增大目标视角，产生放大作用。

A. 相对尺寸放大作用：是指目标的实际体积或面积增大了。当目标的实际体积或面积增大时，视网膜成像则随之增大，二者的关系是正比关系，即目标增大几倍，视网膜成像也增大几倍。如大字报、大字书等，或使用毡制粗笔尖代替一般圆珠笔写字，前者写出的字比后者粗大很多。但是将普通书本印成大字书等这类方法，会增加印刷品的重量和体积，价格也增加，因此不经济。但这类方法提供的放大作用对视障人士效果显著。视障人士在阅读大字书刊时，可不用光学助视器，而且阅读距离也比较接近正常。

B. 相对距离放大作用：也叫移近放大作用，是把目标例如书本向眼前移近而产生放

大作用。当目标向眼前移近时，视网膜成像则随之增大。如目标从原来位置向眼前移近 1/2，则视网膜成像随之增大 2 倍。

这种放大作用并未使用任何光学设备或者助视器，属于经济实惠、有效的放大方法，而且对成像质量基本没有影响。

例如一般的眼镜助视器及其他类似的光学助视器，是由于相对距离放大作用或移近放大作用所致。因为镜片的焦点很近，需要把物体放在近处看清，也就是移近放大作用。

C. 角放大作用：是指物体通过光学系统后在视网膜上的成像大小，和不通过光学系统视网膜上成像的大小之比。最常见的利用角放大作用的光学设备是望远镜。当远处的目标不能自行变大或者移近眼前时，就可利用望远镜的角放大作用。

D. 投影放大作用：是将目标放大投影到屏幕上，例如电影、幻灯等，都可称为投影放大。实际上也是一种线性放大。投影放大作用 = 投影像大小 / 目标大小。

助视器可以利用上述 4 种放大作用中的一种或几种，例如将目标增大 3 倍（相对体积放大作用），然后目标从眼前 25cm 移近到 12.5cm（相对距离放大作用），又放大 2 倍，总的放大作用为 6 倍。例如在 25cm 处看放大为 4 倍的闭路电视，如移近到 12.5cm 处时，则总的放大作用是 8 倍。

二、三棱镜

（一）三棱镜的结构

三棱镜是由三个互不平行的平滑表面围成的具有三个棱的均匀透明体，简称棱镜。眼用棱镜具有以下 3 个特点：第一，均为三棱镜；第二，在空气中使用，两侧折射率为 1；第三，顶角较小，一般在 15° 以下，称为薄棱镜。眼科和视光学中棱镜的主要目的是使光线偏向，造成成像位置的改变，从而解决双眼视网膜像对应的问题。虽然棱镜不能完善成像，但由于棱镜很薄，且人眼瞳孔的限光作用，故不会造成视网膜像过大地弥散而引起视觉问题。透镜可以看作由不同大小棱镜按一定规则组合而成的（如图 1-2-4），它也具有使光线偏向的棱镜效果，某些场合它可以替代棱镜。需要注意的是，若装配眼镜不当，或使用眼镜不当，也会造成双眼视觉问题。

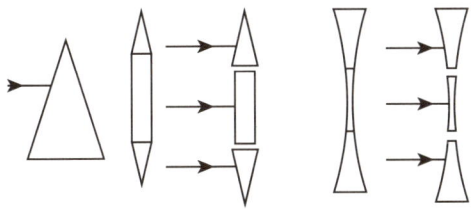

图 1-2-4　棱镜是组成各种透镜的基本单位

1. **眼用棱镜的专业术语**　见图1-2-5。

屈光面：棱镜三个面均称为屈光面，屈光面可以是平面或曲面。

棱：两屈光面相交所形成的线。

顶：一般选两侧屈光面所形成的夹角最小的棱为顶。

顶角：也称为折射角，顶两面屈光面相交所形成的夹角。

底：正对顶的那个面成为底，用B表示。

底顶线：通过顶且垂直于底的直线称为底顶线。

主截面：垂直于三个棱的截面。

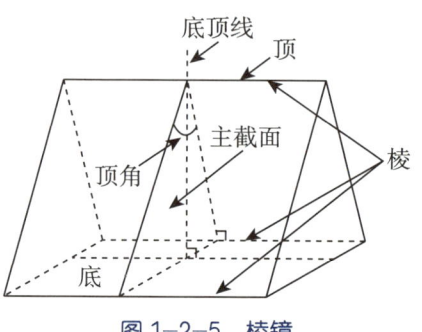

图1-2-5　棱镜

2. **棱镜的光学特性**

（1）当入射光线从棱镜的一个侧面射入，从另一个侧面射出，出射光线将向底面（第三个侧面）偏折（见图1-2-6），偏折角的大小与棱镜的折射率、顶角和入射角有关。

（2）棱镜所成的像是虚像，眼通过棱镜所看到的像比实际物体靠近棱镜顶部（见图1-2-7）。这是由于来自物体的光通过棱镜后向底部偏折，而人眼判断物体的位置是根据光的直线传播经验，所以看到的像位置在顶部一侧。

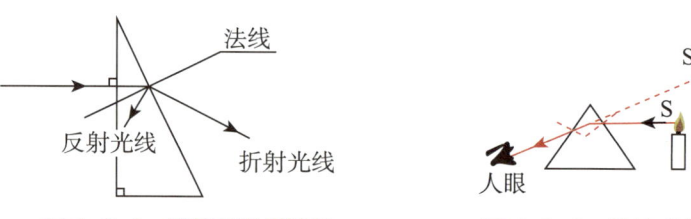

图1-2-6　棱镜的光学特性　　图1-2-7　棱镜成像

3. **眼用棱镜的屈光力**

眼用棱镜用屈光力定量棱镜的偏向作用。通过棱镜的光线所产生的偏向角称为棱镜的屈光力。此处偏向角取锐角，棱镜屈光力的单位有度（°）、弧度（rad）和棱镜度（△）。

棱镜度的定义：通过棱镜的折射作用，在距棱镜100个长度单位（如100cm）处，如果偏离入射光方向1个长度单位（1cm），则棱镜屈光力为1个棱镜度（1△）。

（二）眼用棱镜处方和应用

1. **眼用棱镜的处方**

（1）眼用棱镜处方的书写：书写顺序一般为眼别，棱镜屈光力数值、单位，底的表示符号（通常用B表示）和朝向。

例如：右眼 5 棱镜度底朝 180°。

写作：右眼，5$^\triangle$B180。

（2）眼棱镜的底向标记法：对于双眼来说，鼻侧为内，颞侧为外。棱镜的四个主要底向有：底朝内（base in，BI）；底朝外（base out，BO）；底朝上（base up，BU）；底朝下（base down，BD）。与散光轴表示相似，即双眼都从左向右逆时针旋转 360° 表示底向。

例如：右眼，3$^\triangle$BO；左眼，4$^\triangle$B180。

需要注意的是右眼 BO 表示底朝内，左眼 B180 表示底朝内。

2. 棱镜作用的实际应用 当一束平行于主光轴的光线通过棱镜时，光线会发生弯折，并偏向棱镜底，它弯折的大小由折射角和折射率共同决定。当光线通过镜片的非光学中心部分时也会发生偏折，这种现象被称为棱镜作用。

从物体发出的光线经镜片发生偏折之后到达人眼，从眼睛看来，似乎物体的位置并不在它原来的位置上，而是直接位于光线偏折的方向（图 1-2-8）。

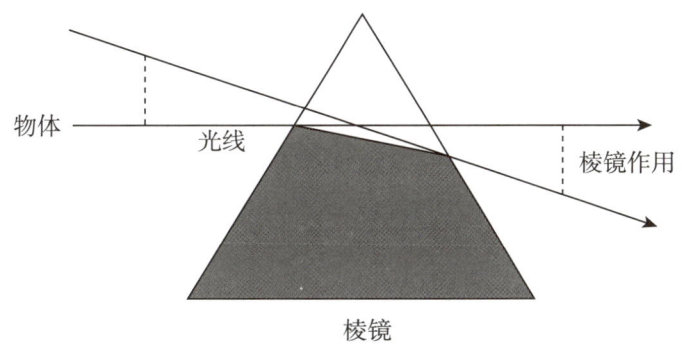

图 1-2-8 棱镜作用

（1）棱镜镜片：棱镜可以与普通镜片合并作用，同时该镜片本身的屈光度也能产生棱镜作用。通常情况下，镜片的边缘呈现出底部厚，顶部薄。

棱镜与普通镜片的结合使用，可以满足同时有两种不同需求的患者。

（2）合成棱镜：合成棱镜拥有不同方向的底，它由两片棱镜组成，用向量图的方法可以得到合成的单一棱镜作用。同比例画出两个棱镜底顶方向的线条、并由此画出平行四边形，而其对角线的方向与长度则表示了总的棱镜作用的方向和大小（图 1-2-9）。

（3）移心及棱镜作用：通过镜片的光线偏离光学中心，称为移心。移心量由光学中心至光线点的距离测出，单位是 cm。通过该点的光线一定会产生棱镜作用。

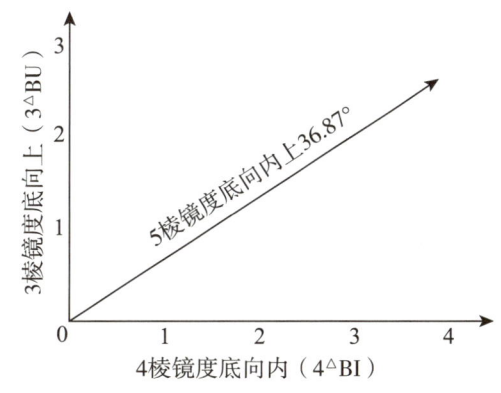

图 1-2-9 合成棱镜（以右眼为例）

棱镜作用的量为移心量与镜片屈光度的乘积,公式为:P=CF。其中 P 是移心棱镜度;C 是移心量,单位是 cm;F 是镜片屈光度。假如为正值,则底与移心方向相同;假如为负值,则底与移心方向相反。对于球柱镜片的移心棱镜度的计算,则必须先分别算出两个主子午线的移心量和移心棱镜度,然后用矢量计算法求合成方向和大小。

三、眼的光学系统

（一）眼的光学系统

眼球呈椭圆形,眼球的前后径约 24mm,水平径约 23.5mm,垂直径约 23mm。眼的屈光介质包括角膜、房水、晶状体和玻璃体。

（1）屈光系统:相当于一组复合透镜,外界光线经过屈光系统时将发生折射,在视网膜上形成倒立、缩小的实像,这种生理功能称为眼的屈光。眼的屈光状态与各屈光面（角膜、晶状体的前后面）的曲率半径、房水、晶状体和玻璃体的折射率,以及各屈光间质彼此间的距离有关。

（2）遮光系统:瞳孔、虹膜、睫状体、脉络膜和巩膜。

（3）感光系统:视网膜和视神经。

三个系统在大脑中枢神经的指挥和相互密切配合下,完成整个眼球的视觉功能。

眼球的功能和照相机的功能几乎完全是相似,见图 1-2-10:

眼　睑→快　门　　　　脉络膜→暗　箱

巩　膜→相机壳　　　　虹　膜→光　圈

角　膜→物　镜　　　　视网膜→底　片

晶状体→调焦镜组

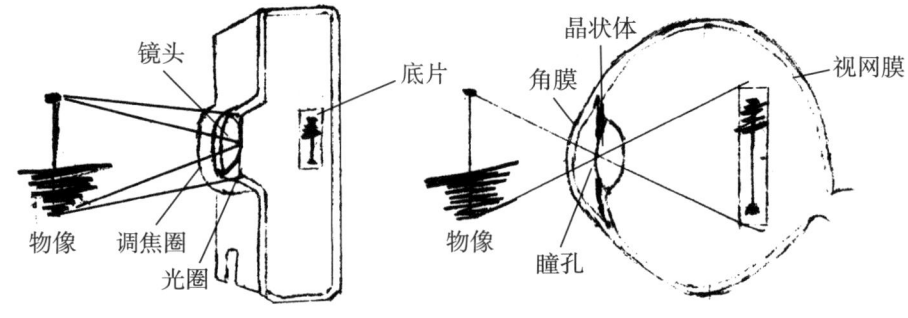

图 1-2-10　眼球与照相机横面对比图

(二)人眼的视觉过程

物体发出反射光线,经眼屈光系统在视网膜上形成清晰缩小的倒像,视网膜光刺激转变为电冲动,经视路神经的传导,到达大脑视觉中枢,经过生理性回转又成为正像,而形成视觉。

眼睛要能看清楚外界的物体必须具备下面三个基本条件:

(1)眼的屈光系统是完全透明的,光从外界进入眼内,从角膜到视网膜这个径路中没有任何障碍。

(2)外界物体所成的像恰好落在视网膜的黄斑中心凹,其成像应清晰且足够大。

(3)整个视路完整并具有正常功能。

(三)眼的调节与辐辏

为看清楚近距离目标,需增加晶状体的曲率,从而增强眼的屈光力,使近距离物体在视网膜上成像清晰,这种为看清近物而改变眼的屈光力的功能称为调节。调节主要通过睫状肌收缩,使睫状冠所形成的环缩小,晶状体悬韧带松弛,晶状体变凸,前面弯曲度增加,眼屈光力增强,看清近处目标。

当双眼注视一个由远移近的物体时,两眼视轴向鼻侧会聚的现象称为集合;当双眼注视的物体由近移远时,双眼视轴向颞侧发散的现象称为发散。两者统称为辐辏。

当两眼同时注视一个近处目标时,两眼同时产生瞳孔缩小,晶体变凸(调节)及两眼向内侧集合运动,这三种联合反射称为近反射。其目的是使外界物体成像清晰并投射在两眼的黄斑上。近反射的管辖为中枢性,主要由大脑皮质的协调作用来完成。婴儿无近反射现象。

(四)眼的屈光不正

1. 正常屈光状态(正视)和调节 在调节松弛状态下,平行光线经眼的屈光系统屈折后形成的焦点在视网膜上称正视。目前认为 $-0.25\,D \sim +0.50\,D$ 为人眼正视眼临床标准。

2. 屈光不正的诊断及处理 在调节松弛状态下,平行光线经眼的屈光系统,不能成焦点于视网膜上,这就叫做非正视眼或屈光不正。正常情况下,婴幼儿出生不久大部分都处于远视状态,随着生长发育,逐渐趋于正视,至学龄前基本达到正视,该过程称为正视化。

(1)近视:在调节松弛状态下,平行光线经眼的屈光系统屈折后形成的焦点在视网膜之前。近视眼的眼轴过长或曲率过高。

①分度:

轻度近视:-3.00DS 以内的近视。

中度近视：-3.00DS~-6.00DS 之间的近视。

高度近视：-6.00DS 以上的近视。

②症状与并发症：

主要症状：远视力减退，近视力清楚。近视度数较高者除远视力差外，常伴有夜间视力差、飞蚊症（眼前漂浮物感或闪光感）等，并可发生程度不同的眼底改变。

并发症：外隐斜、玻璃体液化、浑浊、黄斑部变性、视网膜脱离、后巩膜葡萄肿、眼底改变等。

③治疗：近视屈光矫正是应用合适的凹透镜使光线发散，使之进入眼屈光系统后聚集在视网膜上。

非手术治疗：框架眼镜、角膜接触镜、角膜塑形镜。

手术治疗：角膜屈光手术、眼内屈光手术。

（2）远视：在调节松弛状态下，平行光线经眼的屈光系统屈折后形成的焦点在视网膜之后。远视眼的眼轴较短或曲率过低。

①分度：

轻度远视：小于 +3.00DS 的远视。

中度远视：+3.00DS ~+5.00DS 的远视。

高度远视：大于 +5.00DS 的远视。

②远视眼的主要症状与年龄及阅读需求的关系密切。

小于 6 岁时，低、中度远视者可以无任何症状。这是因为幼儿的调节幅度很大，而且其近距阅读的需求也较少。高度远视者通常是在体检或伴有调节性内斜时被发现。远视的凸透镜矫正可以减少调节，从而减少调节性内斜视。

6~20 岁时，近距阅读需求增大，特别在 10 岁左右时，阅读量增加，阅读字体变小，开始出现双眼视觉症状。

20~40 岁时，近距阅读时出现眼酸、头痛等视疲劳症状，部分患者老视提前出现，这是因为随着年龄增长，调节幅度减少，隐性远视减少，显性远视增加。

40 岁以上时，调节幅度进一步下降，隐性远视转为显性远视，这些人不仅需要近距阅读附加，而且还需要远距远视矫正。

远视的并发症：6 岁前高度远视未适当矫正可能形成屈光性弱视，高度远视可伴有内斜、视疲劳。

③治疗：远视屈光矫正是应用合适的凸透镜使光线发散，使之进入眼屈光系统后聚集在视网膜上。

非手术治疗：框架眼镜、角膜接触镜。

手术治疗：角膜屈光手术、眼内屈光手术。

（3）散光：由于眼球屈光系统各径线的屈光率不同，平行光线进入眼内不能形成焦点的屈光状态称为散光。因角膜表面两个垂直轴向曲率的半径或屈光力不等而形成的散光，称为角膜散光；因晶体表面两个垂直轴向曲率的半径或屈光力不等而形成的，称为晶体散光。

①类型：

不规则散光：最大屈光力和最小屈光力主子午线不相互垂直，称为不规则散光。

规则散光：最大屈光力和最小屈光力主子午线相互垂直称为规则散光。又分为以下三种：

垂直方向（90°±30°）的屈光力较大的散光，称顺规散光。

水平方向（180°±30°）的屈光力较大的散光，称逆规散光。

斜向(30°~60°，120°~150°)的屈光力较大的散光，称斜轴散光。

②症状：主要症状视力下降，视疲劳，眯眼视物等。

③治疗：散光矫正的光学原理原则上与近视眼和远视眼相似，分别矫正两条主子午线的不同屈光度，可以使用柱镜或球柱镜来矫正。

非手术治疗：框架眼镜、角膜接触镜。

手术治疗：角膜屈光手术。

（4）屈光参差：两眼在一条或者两条主子午线上的屈光力存在差异，且差异≥1D时，称为屈光参差。当两眼屈光参差量超过2.5D时有可能因为融像困难出现症状。

①主要症状：双眼视觉不平衡、视疲劳、双眼单视困难、交替视力（一眼看远，一眼看近）、弱视、斜视等。

②治疗：

非手术治疗：框架眼镜、角膜接触镜。

手术治疗：角膜屈光手术。

其他：伴有斜弱视，应进行斜视治疗和弱视训练。

（五）老视

随着年龄增长，晶状体硬化，弹力下降，睫状肌收缩功能逐渐减退，视点后移，从而引起调节功能减弱称为老视。老视是正常的生理现象，不属于屈光不正，其发生和发展与年龄直接相关，大约在40~45岁开始。

1. 症状

（1）视近物困难、不能持久：早期的表现常常是需要将阅读材料移远些；阅读小字时困难；如果是近视眼，需要摘下眼镜阅读。

（2）阅读需要更强的照明度：因为足够的光线既增加了书本与文字之间的对比度，

又使患者瞳孔缩小，加大景深，提高视力。

（3）视物疲劳：由于为了看清近的目标需要增加调节，引起睫状肌过度收缩和相应的过度集合所致。

2. 治疗 根据患者工作性质和习惯，选择合适的阅读距离进行老视验配，配戴双光眼镜或渐变多焦点镜片，可同时看近看远。

第三节 视力障碍的原因

各种原因导致视觉器官(包括眼球、眼神经)及大脑视觉中枢的构造或功能发生部分或全部障碍，可引起双眼不同程度的视力损伤或视野缩小，故造成视力障碍主要分为眼球视觉系统障碍及大脑知觉功能障碍两方面的原因。

一、眼球视觉系统障碍

（一）原因

眼球视觉系统无法获得清晰影像原因主要表现在屈光不正、屈光间质因素、视网膜成像因素、视觉径路传输问题。

屈光不正是外界物体所成的像无法准确地落在视网膜上，导致物体影像模糊，常见的有高度散光、高度近视、高度远视。

屈光间质因素主要表现在角膜混浊、白内障等病变，导致光线无法顺利穿透或屈光间质缺失导致高度远视，导致无法构成清晰影像，常见的有白内障、角膜白斑、先天性白内障术后无晶体眼。

视网膜成像因素是指任何可导致视网膜病变，无法成像或成像困难的情形，常见的有青光眼、高度近视、糖尿病性视网膜病变、视网膜色素变性、年龄相关性黄斑变性等。

视觉径路传输问题则是视神经萎缩、炎症、占位或意外伤害导致视神经受压迫，而造成视觉信息传输困难或传输不全的问题。

（二）常见致视力障碍的眼部疾病

1. 白内障 晶状体混浊称为白内障，任何因素引起的晶状体囊膜破坏或渗透性增加，导致晶状体代谢紊乱、晶状体蛋白发生变性形成混浊，均可造成白内障。其中先天性白内障是儿童视障的常见病因。先天性白内障指出生后第一年发生的晶状体部分或全部混浊。可以是家族性的，也可以是散发的；可以是单眼发病，也可以是双眼发病；可以是单纯性白内障，也可以伴发其他眼部异常。

（1）临床表现：

①视物模糊、视力下降、对比度下降（图1-3-1），渐进性、无痛性视力减退，其视力障碍与晶状体的混浊程度及位置有关。

②眼前出现固定不动的黑点，在强光下黑点更加明显。晶状体局限性混浊时，其视野内可出现暗点。

③晶状体蛋白混浊造成的不规则屈光状态可导致单眼多视、物象变形或出现重影等症状。

（2）分类：白内障可按不同方法进行分类。

①按病因：分为年龄相关性、外伤性、并发性、代谢性、中毒性、辐射性、发育性和后发性等白内障。

②按发病时间：分为先天性和后天获得性白内障等。

③按晶状体混浊形态：分为点状白内障、冠状白内障和板层白内障等。

④按晶状体混浊部位：分为皮质性、核性和囊膜下白内障等。

⑤按晶状体混浊程度：分为未成熟期、成熟期和过熟期。

图1-3-1　白内障患者视物情况

（3）治疗：目前尚未找到有效的药物预防和延缓白内障发生和发展的药物。当白内障影响到日常生活和工作时应选择手术治疗。白内障超声乳化联合人工晶体植入术等相关白内障手术已相当成熟，可以获得满意效果。

2. 青光眼　青光眼是一组以特征性视神经萎缩和视野缺损为共同特征的疾病，病理性眼压增高是其主要危险因素，是一种严重的不可逆性致盲性眼病，是指眼压超过眼球内组织，特别是视网膜和视神经所能承受的限度，导致典型的视盘凹陷性萎缩和视野损害的一组临床疾病。常见类型有原发性青光眼（包括原发性闭角型青光眼，原发性开角型青光眼，特殊类型青光眼如高褶虹膜性青光眼、恶性青光眼、正常眼压性青光眼、色素性青光眼、剥脱性青光眼）；继发性青光眼（包括炎症相关性青光眼、眼顿挫伤相关性青光眼、晶状体相关性青光眼、血管疾病相关性青光眼、综合症相关性青光眼、药物相关性青光眼如激素性青光眼）；发育性青光眼（即先天性青光眼，包括原发性婴幼儿型青光眼、少年儿童型青光眼和伴有其他先天异常的青光眼）。

（1）临床表现：眼压升高、视力下降、周边视野缺损（图1-3-2）。

①原发性闭角型青光眼：急性发作期眼压急剧升高，表现为剧烈眼痛、眼眶痛、同侧偏头痛，伴有明显视力下降，常合并恶心、呕吐等全身症状。眼压明显升高；瞳孔中度散大，呈竖椭圆形；睫状体充血或混合充血；角膜水肿；前房变浅、房角狭窄或关闭；虹膜节段性萎缩；房水浑浊；瞳孔区晶状体前囊下混浊斑点。

②原发性开角型青光眼：常出现青光眼性视盘损害和视网膜神经纤维层缺损。青光眼性视野缺损是诊断和评估病情的重要指标，包括旁中心暗点、鼻侧阶梯、弓形暗点、环形暗点，及晚期的管状视野和颞侧视野。

图1-3-2 青光眼患者视物情况

（2）治疗：青光眼治疗的目的在于保护视功能，常通过全身或局部使用降眼压药来降低高眼压对视神经的损害。各种抗青光眼的手术和治疗也能很好地控制眼压。营养视神经的药物成为当今视神经保护性治疗的主要措施之一。

3. 年龄相关性黄斑变性 是一种与年龄相关的致盲性眼病，多发于老年人。

（1）病因：本病病因尚未明确，可能与遗传、生活习惯、代谢或营养相关。

（2）临床表现：本病分干性和湿性两型。

①干性年龄相关性黄斑变性：由视网膜色素上皮-Bruch膜-脉络膜毛细血管复合体的长期慢性进行性萎缩所致，多发生于50岁以上的老年人，双眼对称、视力极为缓慢地进行性下降、患者常有视物变形等症状。

②湿性年龄相关性黄斑变性：又称渗出性或新生血管性年龄相关性黄斑变性。本型特点是色素上皮层下有活跃的新生血管，从而引起一系列渗出、出血、瘢痕改变。患者

常常中心视力下降明显,合并有中心暗点(图1-3-3),抗新生血管药物治疗后视力仍然反复波动。

(3)治疗:微脉冲激光照射、光动力疗法、810nm 红外激光经瞳孔温热疗法可用来治疗脉络膜新生血管。近年抗新生血管药物疗法有了良好的发展,其中包含抗血管生成药物和糖皮质激素类药物,但这些药物仍未能解决复发问题。对萎缩性病变或黄斑病变引起中心暗点,可以进行低视力康复。对于黄斑部的病变可应用优先视网膜注视点进行视觉康复训练。

黄斑变性患者看物体
——视物变形,中心暗点。

图 1-3-3　年龄相关性黄斑变性患者视物情况

4. 糖尿病视网膜病变　是持续高血糖及其他与糖尿病联系的状态(如高血压)相关的一种慢性、进行性、潜在危害视力的视网膜微血管疾病。糖尿病是一种多病因的代谢性疾病。

基本特点是慢性高血糖,伴随因胰岛素分泌缺陷和(或)作用损伤引起的糖、脂肪和蛋白质代谢紊乱。其引起的眼部并发症较多,并影响全身多个器官,视网膜微循环异常是糖尿病视网膜病变的基础。

(1)临床表现:糖尿病视网膜病变分为单纯型和增殖型,也可以分为非增殖期、增殖前期、增殖期。视网膜渗漏点对应区域视物模糊(图1-3-4)。病情可轻可重。在病变早期,一般无眼部自觉症状。随着病变发展,可引起不同程度的视力障碍、视物变形、眼前黑影飘动或视野缺损等症状,最终导致失明。累及黄斑者可伴有视力下降,眼前漂浮物增多。视网膜及玻璃体积血甚至增殖玻璃体视网膜病变者可突然视力下降,眼前黑影遮挡,视力严重下降。伴发虹膜红变、新生血管青光眼者可头痛、眼痛等青光眼症状。

(2)治疗:严格控制血压、血糖、血脂,定期进行眼底检查,根据糖尿病视网膜病变的不同阶段,采用激光及抗新生血管药物,促使已形成的新生血管的消退,阻止病变进一步恶化。在出现玻璃体积血、视网膜牵拉及黄斑受累等情况下进行手术治疗。

糖尿病视网膜病患者看物体

——视网膜渗漏点对应区域视物模糊

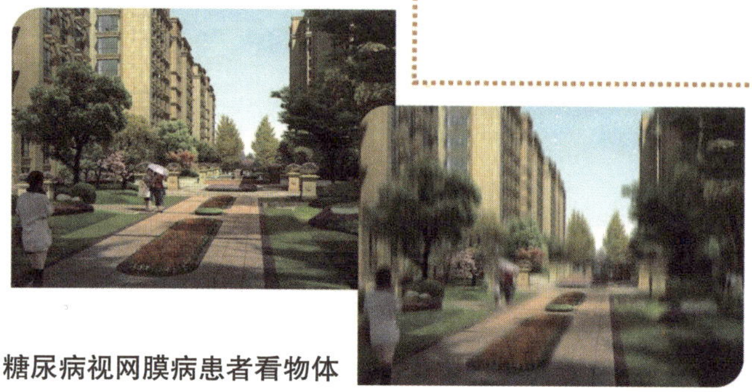

图 1–3–4　糖尿病视网膜病变患者视物情况

5. 视网膜色素变性　为一组进行性营养不良性退行病变，是一种遗传性眼病，常起于儿童或青少年期，视野进行性缩小，晚年黄斑受累致中心视力减退，视力严重下降甚至失明。一般 10 岁左右发病者，30 岁左右视功能明显受损，40~50 岁接近全盲。常染色体隐性遗传者发病早、病情重、发展快。

（1）临床表现：夜盲为主要的症状，且病情逐渐加重；眼底体征表现视网膜血管逐渐变细且呈现青灰色，视盘萎缩且呈现蜡黄色；视网膜赤道部血管色素沉着且形成骨细胞样，后极部和锯齿缘方向发生色素性改变；晶状体后囊常出现锅底样混浊。

早期的视野检查发现是一环形暗点向中心和周边慢慢扩展，到晚期则成管状视野，即视野进行性缩小（图 1–3–5）。患者的双眼表现对称且可长时间保留中央视力；荧光素眼底血管造影检查常用于眼底疾病的诊断；视网膜电图和眼电图的早期异常可发现视网膜色素变性。

（2）治疗：目前尚无有效疗法。中西医结合可能可以延缓病情的发展，视力障碍时可进行视障康复。

视网膜色素变性

——夜盲，进行性视野缩小，不同程度色觉异常

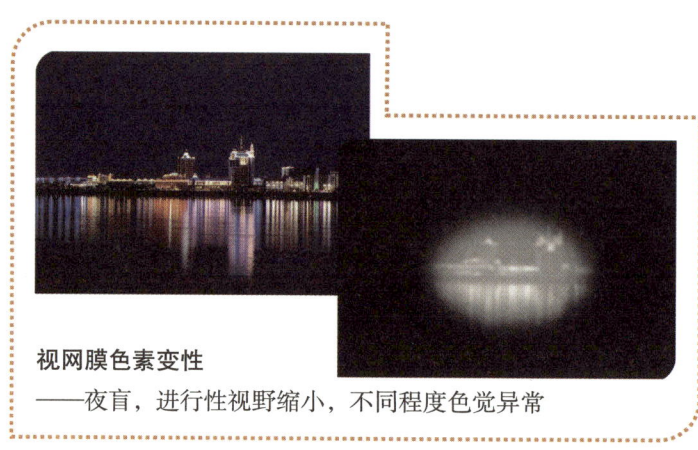

图 1–3–5　视网膜色素变性患者视物情况

6. 玻璃体混浊 正常玻璃体是一种特殊的黏液性胶样组织，其新陈代谢缓慢，它的营养代谢是通过邻近组织的扩散来完成的。玻璃体混浊是指玻璃体内出现不透明体，它不是一种独立的眼病而是眼科临床常见的体征之一。主要的病因有变性、炎症、出血或眼内异物。

（1）临床表现：眼前黑影飘动，黑影随眼球运动而飘动；不同程度的视力下降。

（2）治疗：轻度的玻璃体混浊可以服用含有碘离子的药物，重度的玻璃体混浊及积血可以进行玻璃体切除术。

7. 角膜病变 角膜是重要的屈光间质，角膜病变可以严重影响视力。角膜疾病主要有炎症、外伤、变性和肿瘤等，是主要的致盲性眼病之一。

（1）临床表现：角膜炎最常见的症状为眼痛、畏光、流泪等刺激症状，不同程度和范围的角膜变性导致不同程度的视力障碍。角膜病变常合并有结膜充血及角膜基质新生血管形成，部分角膜营养不良可以累及双眼。诊断应注意以往有角膜炎或者角膜外伤史，不同程度、范围的角膜病变并有不同程度的视力下降等相关性特点。

（2）治疗：角膜病变如形成角膜瘢痕，不影响视力者无需治疗，角膜炎症需针对其病因进行相应的药物和手术治疗；严重者则需进行角膜移植手术。

8. 视神经萎缩 是指外侧膝状体以前的视神经纤维、神经节细胞及其轴索因各种疾病导致传导功能障碍形成的疾病。可由多种原因引起，如炎症、退变、缺血、压迫、外伤、中毒、脱髓鞘及遗传性疾病等。

（1）临床表现：根据眼底表现及视神经损害的部位可分为原发性、继发性及上行性三种。

原发性（下行性）由筛板以后的视神经、视交叉、视束及外侧膝状体的视路损害所致，如球后视神经炎、垂体肿瘤所致的视神经萎缩。视盘苍白，境界清晰，筛板可见。

继发性系由于长期的视盘水肿或视盘炎而引起。视盘境界不清，筛板不可见。

上行性系由于视网膜或脉络膜的广泛病变引起视网膜神经节细胞的损害而引起的，如视网膜色素变性。

临床上主要表现为视力减退和视盘呈灰白色或苍白，上行性则多呈蜡黄色。不能仅凭视盘色泽诊断视神经萎缩，必须结合视功能的检查，如视野、色觉及视觉电生理等综合分析后才能诊断。观察视盘血管亦有助诊断，一般为9~10支，如果数目减少同时尚可见视网膜动脉细小、狭窄、闭塞等，继发性者尚可见血管白鞘。视野检查可有多种形状改变，如中心暗点、鼻侧缺损、颞侧岛状视野，向心性视野缩小以至管状视野等。色觉障碍多为后天获得性，红绿色觉障碍多见。

（2）治疗：针对病因治疗为首要。如视神经已经明显萎缩，要使之完全痊愈则不易或不可能，但如何使其残余的视神经纤维保持其功能不进一步恶化是非常重要的。

9. 白化病 是常染色体隐性遗传病，表现为眼与皮肤黑色素沉着减少或缺乏的一组疾病。其中眼白化病属性连锁隐性遗传，皮肤仅表现为色淡，是先天性眼球震颤的重要原因。

（1）临床表现：眼部表现为视力低下（通常为0.1），眼球震颤，虹膜苍白可透光，眼底少色素，黄斑部形成不全等。突出症状为畏光。

（2）治疗：常伴高度近视，中高度散光，应予以矫正；可配戴滤光镜或帽子，防眩光；转诊至皮肤科进行适当的皮肤处理；需行遗传咨询。

10. 小眼球小角膜

先天性无眼球和小眼球 是一组眼球先天发育异常的临床综合征，其中先天性小眼球是指眼球明显小于正常眼且眼球结构异常、无视功能的一类疾病，而先天性无眼球则表现为患儿出生后眶内眼组织完全缺失。先天性无眼球和小眼球具有一定遗传倾向，但多数为散发病例。

（1）临床表现：出生时即可发现患侧眼球小甚至如绿豆或芝麻大小，翻开眼睑可见小角膜、角膜混浊等情况，通常伴有眼球结构异常，无视功能。常伴有眶周软组织发育不全，如患侧睑裂狭小，结膜囊狭窄或闭锁、眉毛短小、泪点缺失等。

（2）治疗：目前无特殊处理，主要以塑形促进眼部和眶周发育及改善外观为目的。

小角膜 是一种角膜直径小于正常，同时伴有其他眼部异常的先天性发育异常。常染色体显性或隐性遗传。

（1）临床表现：单眼或双眼发病，无性别差异。角膜直径小于10mm，角膜扁平，曲率半径增大，眼前节不成比例缩小。20%的患者以后可能会发展为开角型青光眼。

（2）治疗：小角膜如无其他并发症则无需治疗，如合并青光眼，传统的滤过性手术效果不佳。

二、大脑知觉功能障碍

大脑知觉功能异常导致无法获得清晰影像，主要为大脑皮质性视力障碍。大脑皮质性视力障碍是由于视交叉后视觉神经传导路径及大脑视觉处理区域受损造成的视力障碍；因脑损伤而无法将所看到的影像，在视觉传导通路中转译成视觉信息或无法正确解读视觉信息。大脑皮质性视力障碍又称为视觉皮质损伤、视神经系统障碍、视皮质盲和脑伤导致视力损伤等，本章提到大脑皮质性视力障碍均为婴幼儿大脑皮质视力障碍。

近年来大脑皮质视力障碍相关的个案数不断攀升，有研究表明视障婴幼儿调查中，24%合并有大脑皮质视力障碍。而在重度的多重残疾视障婴幼儿中高达92%。

1. 病因

（1）窒息：通常在分娩的过程中发生，分为缺氧及缺血两种，约有 60% 缺氧和缺血的早产儿有视皮质损伤的问题。

（2）脑室内或室管膜下出血。

（3）中枢神经系统受到感染：如脑膜炎、脑炎等。

（4）大脑发育不正常：如癫痫、脑积水等。

（5）头部损伤：如颅脑损伤等。

（6）脑室周围白质软化。

2. 临床表现

（1）学习新事物困难，甚至无法同时使用听觉和视觉，容易产生阅读障碍。

（2）眼睛易疲劳、畏光、看远困难、视野缺损，视力损伤程度严重导致全盲。

（3）深知觉较差，动态视觉较好，偏好简单背景及移动物体。

（4）对视觉的颜色较为偏爱，喜欢凝视灯光或无目的的凝视，且对新颖事物的接受程度不高。

除了临床症状及体征表现，大脑皮质性视力障碍的诊断还有两个主要特点，一是基于视力障碍不是由视交叉前侧的视觉通路疾病导致；二是视力障碍的程度和眼睛完好的程度不相关。与以眼病引起的视力障碍的不同之处在于它的眼睛外观正常，极少伴随眼球震颤，婴幼儿没有刻意挤压眼睛的行为。为减少视觉拥挤效应，婴幼儿会将对象拉近观看，简化视觉画面。

大脑皮质性视力障碍需要进行核磁共振、CT 等大脑检查及视觉诱发定位眼电图和视网膜电图等视觉电生理检查予以明确。

3. 治疗
其治疗较为困难，找到病因后进行对症治疗或者基因治疗。重点在于康复，特别需要在医生、康复师和特教老师的共同帮助下进行功能性视力康复。

思考题

1. 透镜的基本结构有哪些？
2. 三棱镜的基本应用有哪些？
3. 远、近视的矫正方法有什么？
4. 眼是如何看清楚物体的？
5. 影响视觉的主要原因是什么？
6. 白内障、青光眼、年龄相关性黄斑变性、糖尿病视网膜病变、视网膜色素变性视力障碍的特点？

第二章

常用眼科检查设备简介

> **本章要求**
> 1. 掌握裂隙灯的检查方法。
> 2. 掌握眼底检查的方法及各种检查步骤。
> 3. 熟悉裂隙灯和裂隙灯的使用原理。

本章内阐述常用眼科检查设备为辅助器具车载设备,用于下乡筛查及眼病检查。

第一节 裂隙灯显微镜检查

一、裂隙灯显微镜的构造

裂隙灯显微镜已有 70 多年的历史,经过不断地改进,它已经成为检查眼睑、结膜、巩膜、角膜、前房、前房角、虹膜、晶状体、玻璃体和眼底不可或缺的重要仪器。

不同种类的裂隙灯显微镜的结构虽然不完全相同,但是主要构造可以分为裂隙灯照明系统和双眼显微镜两个部分,如图 2-1-1~2。

裂隙灯照明系统最显著的地方是,它具有极强的电光源,通常为 6 伏 30 瓦的白炽灯。由光源发出的光线,先经过集光凸透镜使之集中,再经过可以转动的隔板,隔板上有大小各不相同的圆孔可以调节成不同长短宽窄的裂隙。通过隔板以后的裂隙光线将再通过投射透镜,令光线更加集中。不同类型的裂隙灯还装有反射镜或三面棱镜用以改变光线的路径,使集中的光线投射在需要检查的组织上。

裂隙灯照明系统的光路中装有滤光片,例如无赤、钴兰等片。无赤片用于检查毛细血管及出血点。钴兰片用于压平眼压计的测量,还可用于荧光素静脉注射后观察眼前部的组织和眼底的血管等。

双眼显微镜由接目镜和接物镜组成,可以变换不同倍率,常用倍率为 10~25 倍。

各种类型的裂隙灯一般备有前房角镜、眼底接触镜及三面反光接触镜等附件,用以检查房角和眼底各部。

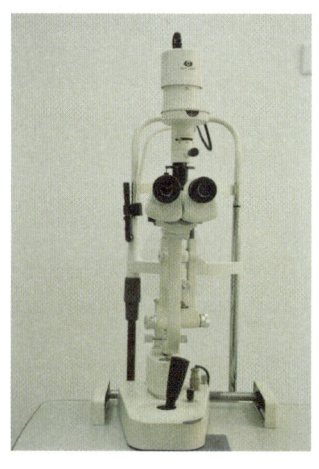
图 2-1-1 裂隙灯

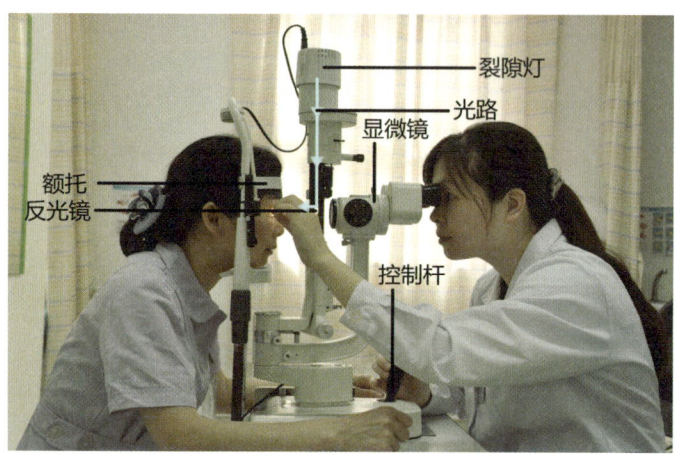
图 2-1-2 裂隙灯的结构图

二、裂隙灯显微镜的使用原理

裂隙灯显微镜的使用原理就是集中光线的充分利用。由裂隙灯发出的光线，高度集中在焦点处。在使用裂隙灯窄的裂隙时，使焦点光线通过角膜或晶状体，就可以显示出这些组织的光学切面，和病理切片类似，可以显现出组织的层次。所以，使用裂隙灯显微镜决不仅仅是利用它的高倍放大作用。

除此之外，眼的屈光间质具有特殊的光学性质，除了应该利用集中焦点光线之外，还可以用分散光线、后方反射光线、镜面反射光线或在上述多种光线合并应用的情况下进行检查，如用镜面反射光线来研究角膜表面与晶状体表面的镜面反光带。

三、裂隙灯显微镜的应用技术

（一）病史和一般检查的重要性

在使用裂隙灯显微镜检查之前，必须深入地了解被检者病史，并且需要进行一般眼科临床检查。从病史和大体检查可以首先得到一般影像，随后有目的地进行裂隙灯显微镜检查。这样做不但可以节约时间，让被检者避免不必要的照射。更重要的是，将全面与局部的细致发现结合起来，不会导致片面孤立地看待所发现的细微病变，从而得到完整影像，并做出正确的诊断。

（二）被检者的准备

为了避免被检者疲劳，检查时应该尽量保证其舒适。使其坐好之后，把头部舒适地固定在头部固定架上。

检查时应尽量避免不必要的照射。检查前，先把检查仪器调整好，避免在调整光线焦点时对眼照射。在用宽光照射时，也应尽量缩短时间，特别是对发炎、畏光、流泪的眼睛，检查越快越好，尽量避免不必要的光线照射到视网膜上。检查期间，避免与被检者谈话，以免引起其眼睛活动。当检查者讨论问题时，应该把照射在眼睛上的光线移去。特别是在进行会诊讨论、示教等情况之下，检查时间交叉，更应注意到被检者的舒适，提高配合度。

（三）仪器的调整

只要裂隙投射的长方形光线的边缘在上睑非常清晰整齐，则表明光线焦点是集中的。接着再调整双眼放大镜的焦点和瞳孔距离，使被检者两眼所看到的像融合在一起，以此产生立体视觉。在检查时，叮嘱被检者睁开被检查的眼睛，再做精细调整即可。

一般的光线是来自被检者的颞侧，光线和显微镜约成40°角。有时需要照射不同部位和不同深度的组织，如前房角、玻璃体、眼底等，则需改变角度，有时也可以依靠被检者眼球的转动来帮助检查。

检查时，有时需要叮嘱被检者注视指示灯，有时需要叮嘱其注视显微镜，但是一般不会让被检者向光线注视。

检查者两肘应该固定在检查台上，右手可以调节照射镜和显微镜的共同转动把柄，或者显微镜的细准焦螺旋。在必要的时候，左手可以轻轻地撑开被检眼的眼睑或者做其他动作。

（四）检查方法

使用裂隙灯显微镜，因为光线照射的方式以及被照射组织的不同，可以用以下六种不同的方法照射。

1. **弥散光线照射法**　这个方法可以利用集合光线，用低倍率放大进行观察。这个方法所利用的光线比较集中，并且有双眼视觉的便利，可以将角膜整体、虹膜表面、晶状体表面进行全面的观察并有立体感觉是其优点。对角膜后弹力层的褶皱、晶状体囊、老年人晶状体核的形态等，可以得到完整的概念，比一般斜照法更加优越。

2. **直接焦点照射法**　这个方法为裂隙灯显微镜检查法的基础，将光线的焦点调节到与显微镜的焦点完全一致，再进行观察。如果光线焦点落在不透明的组织上，例如照射到巩膜和虹膜时，因为大部分光线被反射，一部分被分散和吸收，从而得到一光亮而整齐的照射区。但是如果焦点光线通过一透明而分散光线的间质，例如角膜和晶状体时，则会形成一乳白色的光学平行六面体。当光线透过时，由于组织内部的结构，可以使光线发生反射、屈折和分散，例如角膜白瘢和浸润都呈较明显的乳白色，晶状体皮质混浊可以呈现黑色。

（1）宽光照射：在用直接焦点照射法检查的时候，通常先用宽的裂隙，以便检查以前用弥散光线照射法用低倍镜所看到的病变，或者发现以前未见到的病变。光线通过角膜与晶状体时，80%已被削弱，加之光线射入角度与观察角有一定限度，所以如果不用特殊方法，就是只能看见玻璃体的前1/3部分。

（2）窄光照射：如果将裂隙变窄，那么光学平行六面体之前后将会两面同时变窄，那么焦点光线在眼上形成一个很薄的光学切面。这个方法易于确定病变位置，分辨角膜伤口是否为穿通性，以及观察其他细致的病变。平时检查所用的光线与观察镜的角度为40°~50°，在用窄光裂隙的时候，也可以加大这个角度。

（3）圆锥光线：这个方法采用极小的圆孔以代替平常所用的裂隙，因此小圆孔发出圆锥形光线。当这个圆锥形光线照射到前房中的时候，最轻度的房水混浊也可以被查出，在房水中可以见到有浮游的微粒。采用这种检查法的时候，应当使暗室足够黑暗，检查者处于良好的暗适应状态，否则将不容易看出如此细微变化。

3. 镜面反光照射法 这个方法是利用照射光线在角膜或晶状体表面上所形成的表面反光区，与直接焦点照射法的光学平行六面体相重合，借助屈光度的增强，检查该处的组织。此时被照射的反光带光辉夺目，就像反光的镜面，所以名为镜面反光照射法。

镜面反光照射法的操作：先把裂隙灯的照射光线照射在靠近颞侧的角膜上，这时使被检眼稍向颞侧转动，也把裂隙灯光向颞侧稍微移动，让光学平行六面体与发亮反光区重合，此时被检眼就恰好居于反射光线的径路上。利用此法，可以观察到角膜表面泪膜上的脱落细胞。当想要检查角膜内皮以及后弹力层的时候，将显微镜的焦点向被检者方向稍微移动，对准在角膜后面上的淡黄色的镜面反光带就可以观察到角膜内皮的花纹。晶状体前囊和后囊以及成人核上的花纹也可以用同样方法观察。初学者需要坚持练习，反复实践，才能掌握。

4. 后方反光照射法 这个方法是借用后方反射的光线来检查眼的组织。检查角膜的时候，需要将光线焦点照射在虹膜上或者有白内障改变的晶状体上。当观察晶状体前部时，需要将光线焦点照射于晶状体后囊上，或者利用从眼底反出的光线。利用这个方法有利于查出角膜上皮水肿、空泡，角膜后壁细小沉着物，角膜上轻度瘢痕及纤细的血管，晶状体的细小空泡和虹膜萎缩及发育不全之处等。

在用后方反光照射法的时候，病变随背景反光颜色的不同而显出不同的色泽。如角膜上皮水肿的小泡，当以虹膜为反光屏的时候，则呈棕色；晶状体小泡，当以晶状体后囊为反光屏的时候就会呈现蓝灰色，而以眼底为背景的时候，就会呈现黄红色。

5. 角巩膜缘分光照射法 这个方法是将光线直接集合在角巩膜缘上，光线在通过角膜时，除形成环形光晕及一环形的阴影（是由巩膜突所造成的）外，角膜本身无法被看见。但如角膜某处的透明度发生改变，那么该处可见明显的灰白色遮光体，出现在镜野内的角膜上，如角膜薄翳、斑翳、角膜后壁沉着物以及细小的穿通性瘢痕等可被清晰地看到。

6. **间接照射法** 这个方法是把光线照射到组织的一部分上，借由光线，显微镜的焦点可以调节在遮光物上。这个方法也可以说是角巩膜缘分光照射法与后方反光照射法的联合应用。应用这个方法时，入射光线与观察线的角度要大，而且可以上、下、左、右轻轻地移动光线，这样要比固定光线的照射法看得更为清楚。使用这个方法最好的例子就是用一中等宽度的光线，照射到一萎缩而且色素较为稀少的老年人的虹膜靠近瞳孔处，以便于看到瞳孔括约肌。但若将照射光线直接照射在瞳孔括约肌上，反而不能看见。除此之外，虹膜内出血、虹膜血管、角膜中的水泡以及血管等都可用此法查出。

7. **其他**

（1）颤动光线照射法：轻度地上下左右移动光线，让被检查部分在直接焦点照射法与间接焦点照射法之间交替出现，那么细微的改变立刻呈现出一明一暗的现象而被发现。这是单独用上述任何一种方法所不能达到的。在使用颤动光线照射法时，有时也可以合并应用后方反光照射法，例如检查虹膜、晶状体和角膜时，都可能遇到这种情况。

（2）定位法：裂隙灯显微镜的一个突出的优点，就是利用它可以准确地指出病变所在部位的深浅，就像角膜病变是在角膜浅层或深层，晶状体病变是在前部或后部。这对疾病的诊断治疗和愈后有很大的帮助，这是使用其他检查方法所不能达到的。最常使用的定位法是直接焦点照射法，使用窄光和大的投射角，就会出现宽的光学切面，利用它可以辨别病变的深浅位置，此时也需要不断地变换显微镜焦点的位置。在应用后方反光照射法时，如果发现角膜水肿，但未能辨别其为角膜内皮水肿或上皮水肿时，就可以改变显微镜焦点的位置来确定。

综上所述，在进行裂隙灯显微镜检查时，可以有六种基本照射检查方法。颤动光线照射法和定位法只是上述多种基本检查法的合并或进一步的应用而已。这些方法并没有什么神秘和困难，通过反复实践，逐步练习，循序渐进，不难一一掌握。在临床实践上，常常是多种检查法相继合并应用。检查者在已经熟练掌握各种检查方法之后，常常变为不自觉地随时合并运用并且达到运用自如的地步。

（五）注意事项

初学者应该注意两个问题，就是影的投射和光学切面的扭曲。不要把这些光学现象当作病理改变。

1. **影的投射** 当使用弥散光线照射法时，小的角膜瘢痕在虹膜上或者晶状体囊上往往发生投影。在应用直接焦点照射法时，在光学平行六面体或光学切面前面的物体，可以在其后面上呈现投影，如黏液、小的异物、角膜薄翳和血管等均可遮住光线形成投影。就像空气泡、水泡等透明物体，也可以因为折光作用而形成投影。晶状体囊上或囊下的物体也会产生相同的投影。另外，裂隙灯照射系统上的尘埃、污垢也会在照射的组织上呈现阴影，这个阴影与光源同步移动，易于鉴别。

2. **光学切面的扭曲** 在做角膜光学切面时，如果在角膜上有水泡或薄翳，就往往发生光学切面的扭曲现象。角膜光学切面的前界正切在水泡的中心时，光学切面的后界并不发生扭曲；而当光学切面的光线恰好照在水泡中心的两侧，由于水泡有透镜的作用，光线就会发生曲折，于是光学切面的后界发生扭曲，呈现凸出或凹入的边缘。

当角膜弯度或厚度发生局部改变，并且通过该部位以观察晶状体的光学切面时，晶状体的光学切面也可以发生扭曲。这些都不要误判为病理改变。

第二节 眼后段检查设备简介

眼后段是指眼球内位于晶体后表面以后的部位，包括玻璃体、视网膜、脉络膜与视盘。应在暗室内检查，必要时用药物散大瞳孔（散瞳），散瞳前应了解病史，测量眼压，眼底检查分别为直接检眼镜、间接检眼镜及裂隙灯显微镜配置前置镜或三面镜检查。

一、检眼镜

检眼镜是 1851 年 Helmholtz 发明的。检查一般要在暗室内进行，其原理（以反光检眼镜为例）主要借检眼镜把光线经过瞳孔照射入被检者眼内，由被检者眼底反射出来的光线，成像在集光镜与检查者眼前方者名"间接检查法"，成像在检查者眼内者名"直接检查法"。常用的检眼镜有两大类：

1. **反光检眼镜** 种类很多，可以用作间接检查法，也可用作直接检查法，其中以 Morton 检眼镜较为常见。构造的主要部分是中央有一小孔，焦点距离为 25cm 的凹面反光镜，镜后有嵌住不同屈光度的凹凸镜片的小圆凹，能够随意转动，以调节检查者和被检者的屈光不正。

2. **电检眼镜** 种类也很多，其中以 May 电检眼镜最为常用，光源就在检眼镜柄内，使用方便。

（一）直接检眼镜检查

直接检眼镜使用简单易学，所见眼底图像为正立放大实像。

1. **检查步骤**

（1）检查者站在被检者右侧，右手持检眼镜，头向右肩倾斜，将检眼镜的观察孔置于被检者右前方，检查被检者右眼，指引被检者去除眼镜并注视远处视标。用示指转动镜片转盘，根据被检者和检查者屈光度数选择检眼镜所需的屈光度数。

（2）将检眼镜置于被检者眼前10cm偏颞侧，与被检者视线成15°夹角，用点状光配合+8~+10D的镜片，聚焦于被检者虹膜。嘱被检者上下左右各方向转动眼球，检查屈光介质的透明性。如果玻璃体混浊，在红色背景上可见暗影飘动，而晶状体或者角膜上混浊产生的暗影不随眼球运动而运动。

（3）减少正镜度数并向被检者移近，直到聚焦于眼底。首先检查视盘，包括边界、颜色、视杯的大小及深度，有无隆起、水肿、出血或渗出，确定杯盘比（C/D）等。然后沿从视盘出发的血管，分别从上方、下方、鼻侧到颞侧，依次观察眼底中周部和周边部，主要观察视网膜血管情况，了解视网膜有无出血、渗出、色素改变、变性区、裂孔、脱离和增殖等。检查过程中，根据所检查的象限，引导被检者转动眼球配合，如检查3点钟方位，令被检眼向3点钟方向注视。最后嘱被检者注视光源，观察黄斑部，主要检查中心凹反光是否锐利，黄斑部颜色是否均匀，有无出血、渗出、裂孔、前膜等。

（4）站在被检者左侧，左手持镜，头向左肩倾斜，重复（2）~（3）步骤，用左眼观察被检者左眼。

2. 注意事项

（1）一般先检查右眼再检查左眼，或者先检查患眼再检查对侧眼。

（2）检查眼底要逐个象限依次检查。

（3）即使单眼发病也要进行双眼眼底检查。

（4）眼底检查需要在暗室中进行，小瞳下可检查眼底后极部，如需详细检查周边眼底，应先行散大瞳孔。对于闭角型青光眼或浅前房者，散瞳应谨慎，检查完毕应及时缩小瞳孔。

（5）对于患有感染性眼表疾病者，如急性结膜炎、化脓性角膜炎等，一般不行该项检查。

（二）间接检眼镜检查

间接检眼镜与直接检眼镜相比，可见眼底范围大，眼底像有立体感，眼底成像成全反倒像。可用于直视下的手术操作。

1. 检查步骤　被检者需散大瞳孔，采取坐位或平卧位。检查者与被检者相距0.5m，检查者一手拿检眼镜放在自己主眼之前，另一手以拇指、示指持物镜，小指或无名指固定被检者额部，使镜面距被检眼约5cm，中指则用来协助提起上睑。注意在检查过程中需始终保持检查者视线、目镜、物镜及被检者瞳孔在一条直线上，如出现角膜反光，稍倾斜物镜即可消除。如使用双目间接检眼镜时，检查者先把额带戴好，调整瞳距、反光镜及集光镜，然后进行如上检查。

2. 注意事项　按顺序检查，首先检查视盘，如检查右眼底时，嘱被检者注视检查者右耳，检查左眼则注视左耳，这样裂隙灯光恰好落在视盘上，然后检查视盘视网膜血管弓，最后检查黄斑部；如需要检查眼底周边部分，可让被检者眼球转动，检查上方眼底时嘱被检者眼向上转动或将物镜向下稍做移动并适当倾斜镜面，如需要检查远周边部眼底，常需要巩膜压迫器辅助；熟练者可以在小瞳下观察眼底，但易形成反光；眼底成像为倒置的虚像，记录时将视网膜绘图记录纸翻转180°。等绘制完成后倒转图纸就是翻转的视网膜图像。

二、前置镜检查

目前常用的前置镜为+60~+90D非球面双凸透镜，检查法具有照明亮、景深大、立体感强、不接触角膜等优点。眼底成像为倒置的虚像。

1. **检查步骤** 检查前充分散大被检者瞳孔，嘱其坐在裂隙灯前，头部放在颌托及额托上，先把裂隙灯光源与显微镜置于同一轴线，夹角为零，将裂隙光带于被检眼角膜中央聚焦。检查者拇指与示指持双凸球镜片，置于被检眼前，镜面顶端与角膜相距约2cm，小指与无名指放在被检者前额上，以确保镜面不与眼睛接触，起支撑作用。将裂隙灯后撤约3cm，然后缓缓前推，直到看清眼底为止。

2. **注意事项** 同间接检眼镜检查法。

思考题

1. 裂隙灯显微镜检查的常用方法有哪些？
2. 裂隙灯显微镜通常用于检查哪些部位和哪种病变？
3. 有哪些常用眼底检查方法？
4. 眼底各种检查方法具体步骤是什么？

第三章
视力障碍概述

>>> **本章要求**

1. 掌握视力障碍的定义、盲和低视力的诊断标准。
2. 熟悉视障的康复目标、视障人士康复治疗与训练。
3. 了解视力障碍康复研究发展史、我国视力残疾患病率及病因、视障康复团队主要人员组成。

第一节 视力障碍的定义及分类

视力障碍是指由于各种原因导致双眼不同程度的视力损失或视野缩小,难以从事正常人所能从事的工作、学习或其他活动。

一、症状

视障人士主诉视物模糊、中心视力下降外,还常常合并其他症状:

1. **视物变形** 看物体时形象扭曲变形或不完整。常因散光或黄斑损害引起。
2. **复视** 一个物象看成两个,有双眼复视与单眼复视两种。双眼复视常由麻痹性斜视、手术、外伤或睑球粘连使眼外肌运动受限引起;单眼复视常由晶体脱位或多瞳症引起。
3. **畏光** 常因瞳孔扩大、角膜炎症、无晶体眼、虹膜缺损、虹膜炎、眼白化病以及某些药物(氯喹、乙酰唑胺)等原因,增强光敏感性所引起。
4. **视物变色** 视物时,所有物体呈现一种异常的颜色。可由视网膜、脉络膜损害,晶状体改变,全身病患(如黄疸时的黄视)或某些药物中毒(如洋地黄中毒时的黄白视)所引起。
5. **色觉障碍** 指辨别颜色功能缺陷。绝大多数为先天性色盲,少数为后天性视网膜脉络膜病变引起。

6. **虹视** 看灯光时，周围出现虹彩样光环。见于青光眼，角膜水肿或初发期白内障。

7. **飞蚊症** 通常由玻璃体的液化变性所引起。好像眼前有蚊虫飞翔，故名。

8. **闪光感** 常因玻璃体或视网膜脉络膜病变，病灶刺激或结缔组织牵拉视网膜组织所引起。

9. **视野缺损与中心暗点** 可由角膜、屈光间质、视网膜、视神经或脑部疾患及青光眼引起，表现为视野缺损；而黄斑病变则引起中心暗点。

10. **夜盲** 可以是遗传性的，如视网膜色素变性、遗传性视神经萎缩。也可以是获得性的，如维生素 A 缺乏、青光眼、视神经萎缩、白内障、视网膜变性等。

11. **视疲劳** 多与视物不清时眼睛过度调节，眼外肌肌力不平衡以及屈光不正有关，精神因素有时也起重要作用。

12. **双眼单视功能障碍** 常由一眼的视网膜对应点受到抑制，或双眼出现视网膜异常对应点，致使双眼同时知觉、融合力或立体感功能受到影响。

13. **黑蒙** 一般将有明显眼损害的失明称为失明，而将无明显眼损害的失明称为黑蒙，后者常起因于视网膜、视神经或脑部病变。暂时性黑蒙为视网膜或视神经血供不足而引起的短暂性失明，通常由颈动脉疾病引起，也可在心脏病、贫血、高血压或低血压发作时见到。

二、视力障碍的分类

视力障碍可以从发病时间、预后及视力障碍程度等方面进行分类。

1. **发病时间** 中心视力减退或视野改变的发生时间，对眼病的诊断有一定帮助。凡出生时已有视力障碍者，大多为先天性或遗传性疾病；以后才发生的，多为后天获得性眼病。

2. **预后** 从治疗的可能性和效果来看，又可将视力障碍分为可逆性和不可逆性两类：凡通过治疗视力障碍得以减轻或消除者，称为可逆性视力障碍，如老年性白内障手术后视力可以恢复，屈光不正经镜片矫正后视力可以大为改善；眼球组织，特别是视神经、视网膜组织的严重器质性病变，如视神经萎缩等，经治疗仍不能提高视力者，称为不可逆性视力障碍。

3. **视力障碍程度** 根据视力损失的程度不同，视力障碍（视力残疾）可分为低视力和盲两类。低视力的定义：传统定义是指通过手术、药物或屈光矫正无法改善的视功能障碍，主要包括视力下降和视野缩小。双眼中好眼的最佳矫正视力低于 0.3 而等于或优于 0.05 者称为低视力；双眼中好眼的最佳矫正视力低于 0.05 者称为盲。而 1992

年7月泰国首都曼谷"儿童低视力处理"国际研讨会，对低视力的标准及定义进行了适当的修改，新的定义是指患者即使经过治疗或标准的屈光矫正后仍有视功能损害，其视力小于6/18（0.3）到光感，或视野半径小于10°，但仍能使用残余视力去完成日常生活。

三、视力障碍康复研究发展史

1270年，马可·波罗发现中国老年人用放大镜阅读。19~20世纪，存在一种关于低视力的谬论，认为部分视障者，尤其是儿童，若过分用眼视物就会加速其眼的损害，导致视力丧失。为此，有些国家建立的视力救护学校中的儿童被尽力阻止使用其残余视力，这些儿童被教以触读盲文点字来防止进而发生丧失视力的危险。直到20世纪前50年，这种观念已经广泛地影响了大多数国家，甚至今日，此观点仍以各种形式流传着。这些信念让部分视障者视物感到不适，害怕视力进一步下降而不敢使用。但这种谬论经过探索已经被推翻。

延伸阅读

1863年，Herman Snellen发明的Snellen视力表最常用来测量残余视力，不过检测时还需要其他视功能指标。

1908年，德国蔡司光学公司的一位光学家设计一种望远镜能矫正高度近视，随后制造了许多有用的望远镜和显微镜。不过，仅有少数视光医师、眼科医师、康复及特殊教育工作者意识到这些光学设备（器具）能对部分视障者有用。

直至1930年，美国少数视光医师和眼科医师才认识到需要开展低视力服务工作，光学助视器有助于低视力患者。

William Feinbloom是上世纪30年代美国哥伦比亚大学毕业的视光学家，1935年他出版题为《低常视力矫正的实用原理介绍》一书，成为第一本有关适用于部分视障者的不同低视力助视设备的综合性文献。在20世纪后50年他获得很多为视力障碍治疗用的特殊光学助视器的专利，他组建的一所低视力门诊在美国享有盛誉，他还创建一家公司生产常用及个体化设计的低视力助视器，包括望远镜、显微放大镜、望远显微镜等。目前他创建的"视力设计"公司仍在提供眼保健专业人员订制低视力用具。美国Alfred Kestenhaum教授生产一系列范围从+16D~+50D的低视力用镜片，被设计用于阅读。他提出的"视力倒数"概念，可使得专业人员预测患者阅读用放大镜所需的度数，以便让患者能读报。测量矫正的远视力，它的倒数即为预测阅读镜的度数，临床医生为视障人士近距离用处方时可以这一方法为始点。

1950年，美国光学公司进一步开发了设计范围从+10~+48D的一种为阅读使用的眼镜架助视器。

随着科技发展，为了视障人士更好地进行助视器适配，对视力表也进行了新的设计。1951年Sloan发明了以10个清晰易读的粗黑体字母为一组合系列，作为视力表的视标。她设计的远视力表采用对数值大小顺序。同年代，中国温州医学院缪天荣发明了E字型对数视力表。同时Sloan还发明了色觉检查本和视力筛查方法，使临床医师能评估和测量患者视力的改善情况。

在20世纪50年代，这些机构开始引入低视力评估，对低视力助视器处方提供培训。在瑞典，低视力评估工作已成为国家卫生保健总体服务的一部分，全体国民均有资格享受。然而，很多国家低视力服务工作则刚刚开始，服务的形式和质量各有不同，或者根本不存在。

内地及香港特别行政区低视力服务工作的开展受澳大利亚、英联邦和美国发展的影响。20世纪70年代在澳大利亚墨尔本成立了Kooyong诊所，诊所由视障人士协会与墨尔本大学眼视光学系协作创办，成为澳大利亚及其周边地区涉及多学科保健工作的样板。从80年代后期，Kooyong诊所模式已在香港采用。

1976年，Ian Bailey 和 Jan Lovie发表一篇有关一种新视力表的权威性论文，新视力表依据对数单位设计，可用来评估视力，并能得出某些低视力助视器透镜的放大倍率。他们的视力表被临床研究工作采用，并在低视力诊所广泛应用。他们相继又创作出近用视力表以及低对比度视力表。

1977年August Colenbrander就明确提出部分视力者需要视力康复治疗，依据视力障碍的严重程度将低视力区分成不同类别。1980年世界卫生组织（WHO）最终采用此分类法。

在20世纪80年代以前，我国还没有为低视力服务的机构。1985年以后，中国才考虑低视力是一项临床医学问题，开始专门实施视力康复工作。

1988年之前中国还没有视光医师，直到1988年温州医学院率先创办眼视光专业，随后中山大学、复旦大学和天津医科大学等高校也开办了眼视光专业。上世纪80年代后期，在北京同仁医院孙葆忱教授、天津眼科医院王思慧教授倡导下建立了低视力门诊，并在澳大利亚Alan Johnston教授的支持下进行全国低视力康复培训。

《中华人民共和国残疾人保障法》规定每年5月的第3个星期日为全国助残日。用辅助技术为残疾人提供服务应该以残疾人为中心。国家鼓励残疾人为社会主义建设贡献力量，努力做到自立、自信、自强、自尊。

1992年9月25日，天津医科大学眼科教授王延华与流行病学教授耿贯一首次倡议在国内设立爱眼日。1996年，国家卫生部、国家教育部、团中央、中国残联等12个部委联合发出通知，将爱眼日活动列为国家节日之一，并重新确定每年6月6日为"全国爱眼日",提高人们的爱眼意识。我们应当加强体育锻炼,坚持做眼保健操,注意用眼卫生并定期检查视力,远离眼视光疾病的困扰。

从"九五"期间中国残疾人联合会(中国残联)开始提出"低视力康复"的理念到"十三五"残疾预防和残疾人康复条例的颁布,中国低视力康复事业进入了前所未有的发展阶段。北京同仁医院、天津医科大学眼科医院、温州医科大学眼视光医院、福建医科大学附属第二医院及中山大学附属第一医院等国内众多三甲医院开设了低视力门诊。广东、辽宁及福建等省市率先建立了低视力康复中心。特别在中国残联的领导下,视障的诊治评估、助视器适配及使用训练、服务流程及技术标准的不断完善,在体制政策上实行助视器补贴制,造福了广大视障人士。教育部在《特殊教育提升计划》中明确提出以"医教结合"作为特殊教育的指导方针,在福建省泉州市设立了全国第一个低视力教育康复的医教结合特殊教育改革试验区,并在泉州师范学院设立"低视力康复与教育"的特殊教育本科方向,培养兼备教育学和康复学科的复合型人才。

随着社会事业和科学技术的发展,在社会各界人士的关心支持下,我国低视力康复工作已得到了长足发展。

第二节　盲和低视力的诊断标准

一、世界卫生组织标准

1973年WHO提出了一个全球范围内通用的标准分级方法,如表3-2-1所示。

表3-2-1　WHO 1973年制定的盲与低视力的分级标准

视力障碍		最佳矫正视力(双眼或好眼)	
类别	级别	低于	等于或优于
低视力	1	0.3	0.1
	2	0.1	0.05(3m指数)
盲	3	0.05	0.02(1m指数)
	4	0.02	光感
	5	无光感	

注:表中所指视力均为双眼中视力较好眼的最佳矫正视力。
视野指标:中心视力好,但视野小,以注视点为中心,视野半径<10,而>5,为3级盲;视野半径<5,为4级盲。

1992年7月泰国首都曼谷"儿童低视力处理"国际研讨会,对低视力的标准及定义进行了适当的修改,使此定义更适合于今后低视力康复与保健工作的开展。新的低视力定义为:低视力是指一个患者即使经过治疗或标准的屈光矫正后仍有功能性损害,其视力小于6/18(0.3)到光感,或视野半径小于10°,但其仍能应用或有潜力应用视力去做或准备做各项工作,1996年7月西班牙首都马德里"老年人低视力保健"国际研讨会重申了上述定义与标准,并推荐世界各国在开展低视力保健与康复中应用曼谷定义。

表 3-2-2　世界卫生组织 2012 年制定的视力损害标准

分类	日常生活远视力(Presenting distance visual acuity)	
	视力低于	视力等于或优于
轻度或无视力损害		0.3
中度视力损害(1)	0.3	0.1
重度视力损害(2)	0.1	0.05
盲(3)	0.05	0.02
盲(4)	0.02	光感
盲(5)		无光感

注:以注视点为中心,视野半径<10°为盲。

二、我国盲及低视力的定义

我国对盲及低视力的分级,基本与 WHO 相同。为了调查员更易掌握,简化了分级。我国于1987年在全国29个省市、自治区、直辖市,对5种残疾人进行了全国性抽样调查,将盲与低视力分级,如表3-2-3所示。

表 3-2-3　我国制定的低视力及盲的标准

类别	级别	最佳矫正视力(双眼中好眼)
盲	一级盲	无光感~<0.02,或视野半径<5°
	二级盲	0.02~<0.05,或视野半径<10°
低视力	一级低视力	0.05~<0.1
	二级低视力	0.1~<0.3

注:1. 盲或低视力均指双眼而言。若双眼视力不同,则以视力较好的一眼为准。如仅有单眼为盲或低视力,而另一眼的视力达到或优于0.3,则不属于视力残疾范畴。

2. 最佳矫正视力是指以适当镜片矫正所能达到的最好视力,或测得的小孔视力。

3. 视野半径<10°者,不论其视力如何均属于盲。

华夏出版社隶属于中国最大的NGO组织——中国残疾人联合会，自1986年成立以来，秉承"传播人道主义，弘扬华夏文化"的办社宗旨，以残疾人事业发展为己任，在康复医学、特殊教育、残疾人作品等多个领域出版了大量的优秀图书。

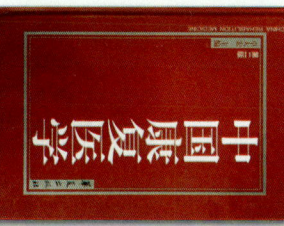

高等医学院校康复治疗学专业教材（第二版）

本套教材是临床和教学经验十分丰富的康复医学界人士在总结了多年康复医疗临床和教学经验的基础上，参考了国外作业治疗法的大量资料和专著，结合国内现状，认真筛选，浓缩，完成的一项富有挑战性和创新性的工作，是国内较全面，详尽论述康复治疗学的专业著作。

卓大宏 主编　185.00元

中国康复医学（第二版）

2010年9月

内容全面系统，深入的大型专著工具书

本书系统介绍了现代康复理论和原则，康复医疗组织和管理，残疾预防及社区康复，现代康复功能评定的各种方法，常见病现代康复治疗和训练的方法及运用，各种康复治疗中常见的一些特殊问题的处理，常见损伤与残病的康复治疗等内容。

陈旭红 主编　50.00元

脑性瘫痪的现代诊断与治疗（第二版）
Diagnosis Modern and Treatment of Cerebral Palsy

2017年12月

本书系统介绍了小儿脑瘫专家30余年治疗经验结晶

著名脑瘫康复专家30余年治疗经验结晶。本书系统介绍了临床及儿童保健的国内外诊断治疗进展，以及应用于临床及儿童保健的神经生理发育检查法，并详细介绍了"卢庆春十法"，可作为儿科医生及保健医生、康复工作者参考工具书，也可供患者及家属参考使用。

卢庆春 主编

粗大运动功能测量（GMFM-66和GMFM-88）使用手册
Gross Motor Function Measure (GMFM-66 and GMFM-88) User's Manual　2015年2月

本书包括了GMFM-66和GMFM-88的评估内容，同时开发了粗大运动功能评估器（GMAE 安装光盘）。为临床康复医师，治疗师对脑性瘫痪儿童运动障碍的评估提供了更加客观、简洁便利的方法。

[加] Dianne J.Russell 等/著　吴卫红 等/译　59.00元

脑瘫儿童引导式教育教学与引导式教育基础课程培训教材

2012年8月

本书阐述了引导式教育的基本理念、原则和框架，并在实践篇中详细讲解了引导式教育教学计划制订，评估方法，习作程序编排、节律性意向编制原则和家长培训等内容。

曹丽敏 余爱如 主编　郑筱君 主审　79.00元

图解脑瘫康复技术与管理

2007年8月

本书上篇介绍脑瘫康复技术，支具等内容，中篇介绍脑瘫康复功能评定的各种康复训练材料及管理，下篇介绍康复机构建设、各种康复训练料及管理。图文并茂，可操作性强，既可作为医学院校教学参考书，也可作为脑瘫患儿以及家属开展家庭康复的科普教材。

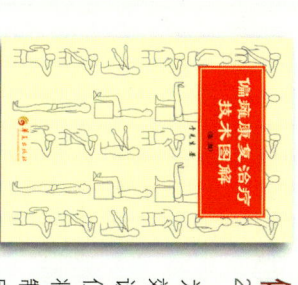  

偏瘫康复治疗技术图解（第二版）

2005年12月

为使康复治疗进一步缩短疗程，提高疗效，再版图解中增加了如何使用著者亲自设计的认知功能评价训练仪、良肢位应用具及偏瘫康复用系列支具等设备将患者的功能量化，在客观评价的基础上制订出针对性的训练方案，并且补充了固训练效果的内容。

于兑生 著　100.00元

中风康复手把手

2012年5月

脑卒中家庭必备手册

"养生堂"专家科主任，教授亲荐。北京博爱医院中西医结合康复科主任，教授亲荐。重点介绍了脑卒中后遗症患者在家庭康复的方法，涉及饮食、家庭起居、功能康复等问题，不仅对于普通康复医师有一定的临床指导作用，对于回归家庭的患者以及其家属也提供了系统而正确的康复指导。

王征美 主编　25.00元

水中运动疗法手册
The Practical Guide to Hydrokinesitherapy

2017年1月

大陆首本水中运动疗法图文详解

本书主要介绍了水疗理论基础相对于个系统的作用，组织与实施，水中运动平衡训练、平衡训练、改善关节活动度的训练，水中运动体操、游泳康复训练等及国外常用水中运动疗法、体育游戏和仪器设备等。

王瑛美 主编　37.00元

康复医学图书系列
——重点推荐

读者服务部：1369328178
新浪微博：华夏出版社医学部
投稿信箱：hxcbsyxb@3g.sina.cn
官方网站：www.hxph.com.cn
天猫旗舰店：hxcbs.tmall.com
联系地址：北京市东直门外香河园北里4号

华夏康复微信平台

记忆空了，爱满了：陪爸爸走过失智的美好日子
2017年1月

本书是失智症家属亲笔写下的故事与经验，献给所有子女，以及在照顾路上不孤单的你。这是勇气与泪水的真情告白，3700多个日子的亲身照护与陪伴，以爱与信念一步步摸索出温暖可行的照护方式。

周贞利/著 40.00元

一天36小时：痴呆及记忆力减退病患家庭护理指南（第五版）
The 36-Hour Day 2013年11月

老年失智家庭护理权威读本

结合许多痴呆病患者及其家属和看护者的经历和经验，介绍了痴呆和记忆力减退患者的行为表现如失语等症状、情绪改变；如何处理患者和家庭成员之间的关系；如何安排和处理患者的生活、工作、养老、保险、法律事务等问题。可为广大老年人及家属的生活提供参考。

[美]Nancy L. Mace, Peter V. Rabins/著 金淼 主译 45.00元

失智症照护三部曲

假如我们的亲人正经历失智症，我们该知道些什么？
假如我们正面临亲友失智，我们能做些什么？

好好照顾您 2016年8月 王培宁 刘秀枝/著 39.00元

失智症照护指南 2016年10月 邱铭章 汤丽玉/著 39.00元

假如我得了失智症 2016年8月 詹鼎正/著 39.00元

精神心理 禅行三部曲

做自己的旁观者：用禅的智慧疗愈生命
2017年10月

生命是一场冒险的旅行，无论是专注于事业、财富、消费娱乐，或是养生保健，我们都逃避不了死亡、无意义、孤独、自由和限制等基本生命主题。若想要"疗愈生命"，就必须深入人的"存在性"困境。用禅的智慧疗愈生命，可为我们解决现今的困惑，过上快乐幸福的生活。

包祖晓/著 39.00元

唤醒自愈力：用禅的智慧疗愈身心
2016年8月

本书最主要的价值，在于给我们一个重要的提醒：健康是一种综合的概念，健康的身体与健康的"心"密切相关；对于生命体来说，"心"更加重要，疾病只是我们生命过程中积存的各种问题的一种表象的反映；要摆脱病痛，必须从"心"入手，深入人的"存在性"方面以摆脱困境。

包祖晓/著 39.00元

与自己和解：用禅的智慧治疗神经症
2015年8月

本书旨在帮助修习者维持着感官的开放度，留意身心在每个当下的反应与变化，增强对身体的觉知力，发现意识底层的焦虑和紧缩倾向，学习领悟人生、人性、健康、疾病等方面的禅学观点，以勘破在早期亲疏成过程中形成的错误信念和方法，突破根深蒂固的制约系统，学会"正念"地、"智慧"地活在"此时此地"之中。

包祖晓/著 39.00元

图解特殊坐位与座位（修订版）
Special Seating: An Illustrated Guide
2013年9月

[美] Jean Anne Zollars/著　张金明 张玉阁/译　66.00元

本书系统介绍座位/移动系统的康复图书，配以大量插图和案例，是康复治疗专业人士及特殊座位设计、制作者的综合指南，座位移动系统领域的必备书。

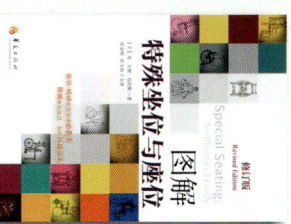

视力障碍辅助技术培训教材
2018年1月

书中介绍了眼科的基本知识，如解剖、病因及常见疾病，以及对低视力和眼盲的诊断、评估、常用的辅助器具进行了介绍。最后，分章节对助视器、视力和视觉康复训练、儿童和老年低视力康复、眼科常见的检查器械等进行了详细地阐述。本书是配合视力辅助工程岗位能力认证考试的培训教材，也适合视力障碍康复治疗师等从业人员。

中国残疾人辅助器具中心/主编

肢体障碍辅助技术培训教材
2018年12月

首先，本书对辅助技术进行了概述，器具的发展史、辅助器具的适配服务与应用等。其次，对肢体障碍的内容进行了详细阐述，包括肢体障碍的病因及障碍功能评定、肢体障碍康复简介等。最后，对起居、移位、助行、自理、沟通等辅助器具进行了功能与适配原则的介绍。

中国残疾人辅助器具中心/主编

低视力科普读物（1~6册）
2016年4月

本书通过5位人物形象如低视力幼儿生、低视力康复师，以绘画描绘故事的形式，围绕残疾预防工作常见的形式，介绍了低视力幼儿基础感知觉训练的相关内容，基础感知发展训练如嗅觉、味觉、听觉、触觉及身体平衡训练等。

中国残疾人辅助器具中心/主编　36.00元

北京市高等教育精品教材

残疾预防工作知识问答手册
2016年4月

本书以"三级预防"为主线，通过问答的形式，围绕残疾预防工作常见问题，全面、系统地对残疾预防知识进行了阐述，内容简明扼要，通俗易懂，具有实际指导意义。

无锡市人民政府残疾人工作委员会/主编

运动疗法与作业疗法
2006年4月
曾获首都医科大学优秀教材一等奖

作者收集了大量的国外资料以及美国、加拿大、挪威、日本等多国医科大学的教学大纲及教材，结合多年临床及教学经验和我国国情重新编写了该书，由于其内容丰富，与国际接轨，理论与实践相结合，可操作性强，深受广大师生以及专业技术人员的欢迎。

于兄生 悍晓平编著　80.00元

实用PNF治疗（第四版）
PNF in Practice
2018年1月

本体感觉神经肌肉促进技术（PNF）是一种理念和治疗观念。本书的第四版，经过全面修订并配有全彩色图表，更为读者提供了友好的设计，综合了最新的进展，旨在支持其观念的发展。

Adler, Beckers, Buck著　刘钦刚/译

辅助技术理论与实践（第四版）
Assistive Technologies: Principles & Practices
2018年8月

本书被誉为国际辅助技术界的"圣经"，自20世纪90年代出版第一版以来，以每五年修订一版的速度更新，版为2015年最新版，包含了不同语境和文化中的辅助技术应用，辅助技术的基本原则及具体内容。

Albert M.Cook, Jan Miller Polgar/著
李晗静 郑倍/主译　许家成/主审

助听器（第二版）
Hearing Aids
2018年1月

本书是专门论述助听器的经典专著，涵盖了有关助听器的综合性知识，兼顾实用和理论，对相关问题进行了深入探讨，立足实证研究，给出操作建议，适用于临床人员和学生以及助听器开发人员。

Dillon, Harvey/著　胡向阳/主译

中西医结合骨伤科疼痛管理
2017年11月

国家级非物质文化遗产"平乐郭氏正骨法"现代临床应用指南 全四色印刷

本书系统阐述了"平乐正骨医术"的源流、发展以及现代应用。包括骨伤科疾病的生理、病理基础；平乐郭氏正骨的内治法、外治法、物理疗法、常用镇痛药物的使用原则、疼痛的评估方法；以及在骨伤科各科、围手术期的疼痛管理，对患者及家属的宣教。

李盛林 尚清生/主编
李保林 翟明玉/主审
樊碧发/作序 59.00元

小儿呼吸系统常见病诊疗手册
2017年12月

本书作者常年工作在儿科临床一线，以自身多年实践经验为基础，结合众多儿科名家的宝贵经验，采用中西医结合的角度，对小儿呼吸系统常见病从概述、病因、临床表现、诊断、治疗，以及预防调护等方面做了详尽论述，便于儿科临床医师系统掌握相关疾病的诊疗思路，具有较强的临床实践性与指导意义。

劳慧敏/主编 席文杰/副主编 张葆青/主审 39.00元

一学就会心电图 一学就会心电图（口袋书）
2018年6月 [日]前田如矢/著 2018年6月 [日]前田如矢/著

在多种临床生理学检查中，心电图的普及程度最高。不单是医生，只要是与临床工作有关的人，都应该能读懂心电图。本书作者前田如矢先生是日本心血管医学领域的知名教授，是心电图教育的有心人、热心人、耐心人，多年来编著出版了近20册心电图书籍，为心电图普及教育不懈地努力着。他把40余册自己的经历历为"心电图人生"。他在序言中讲到："让读者看过这本书后喜欢上心电图"、"心电图绝不难学"是编著此书的愿望。

临床必备

急重症症状诊断和处理流程手册
2017年7月

急重症症状的诊断及处置是临床必备的基本重要技能。本书是临床第一线专家在循证医学基础上，结合多年临床经验和卫计委制定的疾病临床路径编写的，将常见的急重症状的诊断及处置流程化、规范化、标准化，便于熟记和操作。适用于各医学院校学生以及各科临床医生。

周泽甫/主编 36.00元

实用急救手册
The practical Guide to Emergency Treatment 2014年8月

本书结合临床工作的实际需要，对临床常见危急重症的诊治过程、急救操作技术、临床常用药物和中医急救方法，以图文并茂的形式进行了直观的阐述，层次分明，让读者一目了然，便于迅速掌握急救知识。符合临床医师的临床必备实用手册点，是各级医师的临床必备实用手册。

裴雷鸣/主编 29.00元

眩晕和头晕
Dizziness: A Practical Approach to Diagnosis and Management 2012年4月

荣获英国医师学会（BMA）医学图书年度评比最高推荐奖

本书以独特的构思、清晰的梳理、简练的语言，将复杂的临床难书简明化，便于读者入门或在工作中快速查阅。随书附有原版光盘，提供了直观的检查资料，并鉴别诊断方法。随书提供文献资料，提供了具有普遍指导意义的专家共识。

[英]Adolfo M.Bronstein
[德]Thomas Lempert/著
赵钢 等/主译 栗秀初/主审 30.00元

戴维斯·中枢神经康复三部经典

不偏不倚：成人偏瘫治疗的选择性躯干活动设计
Right in the Middle: Selective Trunk Activity in the Treatment of Adult Hemiplegia 2017年6月

主要针对偏瘫躯干选择性活动丧失的问题及康复治疗活动进行了详细、系统地设计并加以描述。本书语言简明扼要，附有大量真实患者康复治疗的照片。

[瑞士]帕特里夏·M.戴维斯/著
魏国荣 汪洁/主译 69.00元

从零开始：脑外伤及其他严重脑损伤后的早期康复治疗
Starting Again: Early Rehabilitation After Traumatic Brain Injury or Other Severe Brain Lesion 2017年8月

它涵盖了严重脑外伤及其他原因引起的严重颅脑损伤后的早期康复。配有600多幅真实患者的照片及说明。治疗内容涵盖患者从发病至恢复，从急救期至行走的训练。

[瑞士]帕特里夏·M.戴维斯/著
魏国荣 刘钦刚/主译 79.00元

循序渐进：偏瘫患者的全面康复治疗（第二版）
Steps to Follow: The Comprehensive Treatment of Patients with Hemiplegia 2014年10月

中风偏瘫康复治疗经典图书

引进版权，20年不断重印，神经损伤患者的唯一实用性治疗指南。康复治疗人员必备书，已在世界范围内的专业人员中赢得了良好声誉。

[瑞士]帕特里夏·M.戴维斯/著
刘钦刚/主译 69.00元

在 2006 年我国第二次残疾人调查中,将视力残疾定义为:由于各种原因导致双眼视力低下或视野缩小,并且不能矫正,以至于影响日常生活和社会参与能力。视力残疾包括盲及低视力,根据视力和视野状态,共分为四级。

表 3-2-4 我国视力残疾分级标准

残疾分级	最佳矫正视力(BCVA)和视野状态
一级视力残疾	无光感 ≤ BCVA < 0.02,或中心视野半径 < 5°
二级视力残疾	0.02 ≤ BCVA < 0.05,或中心视野半径 < 10°
三级视力残疾	0.05 ≤ BCVA < 0.1
四级视力残疾	0.1 ≤ BCVA < 0.3

注:一级和二级视力残疾为盲,三级和四级为低视力。

第三节 我国视力障碍流行病学情况

我国由于地域辽阔,经济发展水平不均衡,视障患病率受多种因素影响,例如农村地区的低视力患病率高于城市,农村地区引起视力障碍的主要原因中,白内障、角膜病所占比例较重。由于农村经济较落后,没有完善的医疗保障体系,农村老年女性经济及社会地位相对较低,尤其是已丧失劳动力的农村妇女,许多眼病不能得到及时有效的治疗,最终导致视力严重损害。同时,视力障碍还受年龄、医疗保健水平、文化程度、经济状况、环境因素和性别等的影响。我国视力障碍的患病率随着年龄的增加而增加,在 0~19 岁,单纯视力障碍的患病率 ≤ 0.10%,而到了 50~54 岁单纯视力障碍的患病将达到 0.84%。女性的患病率在 44 岁左右时相当于男性,而 45 岁之后将比男性人数更多,到 65 岁后这样的趋势更为显著。

2006 年我国第二次残疾人抽样调查显示,单纯视力残疾的患病率为 0.94%。其中,低视力患病率为 0.63%;盲患病率约为 0.31%。低视力与盲的患病率之比约为 2.03:1。根据我国人口约 13 亿推算,我国单纯视力障碍的人数达 1230 万。如若还要加上多重障碍者的人数,视力障碍的患病率将达到 1.53%,人数达 2003 万人。因此,视力障碍已成为我国乃至全球的严重公共卫生问题。

据我国第二次残疾人抽样调查的结果显示,引起视力障碍的原因第一位是白内障;由于沙眼致盲率的降低,视网膜、葡萄膜疾病已成为我国第二位主要致盲疾病;其他原因依次为角膜病、屈光不正及青光眼等,见表 3-3-1。

表 3-3-1　我国第二次残疾人抽样调查致视力残疾原因分析

第二次残疾人抽样调查结果		
排序	病因	组成比（%）
1	白内障	46.93
2	视网膜和葡萄膜疾病	12.65
3	角膜病	8.55
4	屈光不正	6.39
5	青光眼	5.64

第四节　视障康复目标

1969 年世界卫生组织（WHO）医疗专家委员会给康复下的定义是：康复是指综合地、协调地应用医学、社会教育和职业的措施，对患者训练和再训练，使其能力达到尽可能高的水平。1981 年 WHO 赋予康复新的定义：康复是借用各种有用的措施，以减轻残疾的影响和使残疾人重返社会。2016 年我国《残疾预防和残疾人康复条例》中对残疾人康复有如下定义：康复是指在残疾发生后综合运用医学、教育、职业、社会、心理和辅助器具等措施，帮助残疾人恢复或者补偿功能，减轻功能障碍，增强生活自理和社会参与能力。因此，视力障碍康复的目标是为了使视力障碍的影响降至最小程度，让视障人士能够更好、更有效地使用其可利用的视力，提高学习、生活的能力，提高生活质量，更好地融入社会。

视障康复目标必须根据不同年龄阶段的视障人士设置，并且针对盲与低视力分开设置，两者之间康复目标在于利用剩余视力，法定盲往往与无光感人群的视障康复不同。但只要剩下一点光感，均可以利用残余光感进行康复，例如光感对于视障人士的定向辨认及生物钟辨识。

针对视障儿童的康复训练首先应认识到：视觉的发育不能自然产生，视功能水平的高低不单纯取决于所测视力的结果，可以通过视觉康复训练提高功能性视力。儿童视觉的发育要靠"看"，看得越多越好。视网膜接收到的信息传到大脑，再由大脑进行翻译、分析、组织，最后就会形成各种视觉记忆。正常儿童视觉发育主要靠自己看。严重视力障碍儿童主要不能靠自己看，而要依赖别人教他如何使用残余视力，并认识及理解他们所能看到的一切。

除视觉训练外，对视障儿童来说，还需要靠视觉以外的其他感觉来获得外界信息，如听觉、触觉、触-运动知觉、嗅觉及味觉训练，他们需要比正常人更多地使用这些感觉，以弥补视觉方面的不足。

但老年视障人士康复有其一定的特殊性，因为不少老年人除有视力障碍外，还有全身性疾病，如神经系统疾病、关节炎、心血管及呼吸系统的严重疾病。由于这些疾病的存在，他们对视障康复的方法应有所顾及，特别是对光学助视器类型的选择要根据情况而定。因此康复的目标是要使这些老年视障人士能充分利用其残余视力，尽可能恢复阅读、书写的能力，享受晚年乐趣，能基本做到独立生活。

另外，对待老年视障人士的视力康复，还要解决本人及家属的认识问题，要让他们了解所患之眼疾目前尚无任何医疗方法来恢复视力，只有接受视障康复训练才能提高生活质量；教会患者熟练应用所配置的助视器，使其达到增视效果，建立对视障康复的信心。

第五节　视障康复措施

一、视障人士的心理疏导

视障人士往往存在消极的心理，首先对他们进行心理疏导是非常必要的。视障人士除了可接受外界的疏导，也可进行自我心理康复。通过心理疏导树立对自身疾病的科学认识，做好补偿缺陷训练，培养积极的生活态度。

二、各类视觉辅助设备的应用

视觉辅助设备（助视器）多种多样，有光学助视器和非光学助视器。为了提高视障人士的功能性视力，应对他们进行助视器的验配，视情况而定。比如看远时应使用望远镜，而根据不同视障人士的特点，选择不同放大倍数的望远镜，使其功能性视力提高。

三、非视觉性辅助设备

由于视觉是人感知客观世界的重要感觉之一，而视障人士视觉严重受损，所以我们要对其进行视觉补偿。例如听觉补偿：听书机、体重计、水杯报警器等；触觉补偿：盲文、电子行动工具等；还有其他感觉补偿的辅助设备：自动穿线器等。通过非视觉性辅助设备也同样能提高视障人士的功能性视力。

四、视障人士技能训练和环境改造

对视障人士进行一些相关物理治疗和作业治疗等康复训练，如感知运动康复训练、初步认知康复训练、生活技能康复训练、定向行走康复训练、物理治疗训练等，提高他们的社会适应能力。同时应当对视障人士所处环境进行适当的无障碍改造，争取让他们更好地生活、娱乐以及参加就业等社会活动。

第六节　视障康复团队组成

视障康复团队成员主要包括眼科医师、视光师、康复师、辅助技术专业工作人员、特殊教育教师和志愿者等其他相关人员。

眼科医师：主要由经验丰富的眼科医生担任，对视障人士进行视功能评估、眼病的诊断及治疗，即通过询问病史，包括家族史、发育史、药物史等具体情况，并对其眼睛进行全面检查，给予药物处方和助视器处方等，做好技术把关、眼病处理等。

视光师：对视障人士进行视功能评估、医学验光配镜、辅助器具的验配及指导视障人士及家属辅助器具的使用方法及相关保养措施，并利用辅助器具对视障人士进行视觉康复训练。

各类康复师：指受过专业训练的专职人员，包括物理治疗师、作业治疗师、定向行走训练师等，能够对视障人士进行感知运动康复训练、初步认知康复训练、生活技能康复训练、定向行走康复训练、物理治疗训练。

辅助技术专业工作人员：负责残联政策解析、资源协调。熟悉各类辅助器具优缺点，能够独立地进行辅助器具个性化适配，能够进行辅助器具使用及康复指导，包括助视器的使用技巧、保养助视器的注意事项。

特殊教育教师：视障方向的特殊教育教师（包括普通学校的资源教师）能够根据视障儿童的发育特点结合其学习的特殊要求进行教学，满足视障儿童求学的需求。

随着国家残疾人康复政策的进一步实施，全社会重视关心视障人士的民生，辅助器具补贴制度的开展和政府购买服务等措施的实施，我国视障康复事业迎来前所未有发展好时机，也需要各方人士组成的社会团体对视障人士的康复事业做出贡献。

思考题

1. 低视力的定义是什么？
2. 盲和低视力的标准是什么？
3. 低视力的康复目标是什么，康复团队组成有哪些？

第四章

视力障碍的诊断与评估

> **>>> 本章要求**
> 1. 掌握视力检查部分的内容。
> 2. 熟悉病史采集、康复需求评估和生存质量评估部分。
> 3. 了解助视器适配步骤、电生理和眩光。

第一节 诊断与评估目的

对视障人士进行眼病诊断与评估可以帮助眼科医师及辅助技术专业工作人员了解视障人士的眼部情况及视功能损害情况,以更好地针对视障人士制订个性化综合康复计划,使其能充分利用残余视力,提高学习、生活和工作能力,融入社会,减轻家庭和社会的负担。

对任何患有疾病或功能紊乱导致视觉系统受影响的视障人士都应进行视功能损害程度评估,都应了解其生存质量水平和相应的康复需求,进行助视器指导适配并进行相应康复训练。

视力障碍的诊断与评估包括了盲和低视力的眼病诊断与评估,虽然因人而异,但是总体上应包括:病史采集、视功能评估(可包含病史采集)、生存质量评估、康复需求评估等。

第二节 诊断与评估步骤

一、病史采集

病史采集可以帮助医生了解视障人士的眼病情况,了解其活动受限情况,评估其生活方式和了解其目标及期望。病史采集可以通过观察视障人士的外表、举止、头位、眼位、眼球震颤、动作的灵活性、肢体震颤等得到视力障碍情况的粗略判断。

（一）主要内容

病史采集主要通过与视障人士交谈的形式进行，主要内容包括以下几个方面：

1. 一般情况　姓名、性别、年龄、职业、文化程度、通讯地址和联系电话等；无自主行为能力者需记录监护人信息，包括姓名、性别、与视障人士的关系等。

2. 家族史　询问有无家族史并记录，若有家族史要详细记录视力差的成员和有相同病史的成员。特别注意先天性遗传性眼病要画家系图，必要时要带视障人士到遗传门诊处进行咨询，并带上家族史的资料，以便了解视力障碍的开始时间及程度。

3. 全身病史　了解视障人士是否合并其他部位残疾或其他疾病。

4. 眼部病史　了解视障人士一般眼部病史和诊疗经过及助视器的使用情况。

（1）持续时间和稳定性：询问其低视力状态持续的时间和近期稳定情况，一般来讲，低视力状态较长，近期没有明显波动则说明病情稳定，容易获得较好的康复效果。

（2）受教育和职业情况：询问视障人士受教育情况，如最终学历、在普通学校还是盲校就读、是否采用大字印刷体等；职业情况，如就业前患病还是就业后，所从事职业等。

（3）行动范围及视觉表现：能否独立行走，行动区域，能否看见信号灯、路牌，能否独自过交通路口。

（4）康复需求和助视器使用情况：视障人士对康复的愿望是否强烈，是否依赖家人帮助，有无使用过助视器，所使用助视器的类型及满意度等。

（二）注意事项

（1）第一次见面时，检查者要表明身份，让其产生信任感和安全感。

（2）来到或离开患者身边时，一定要有声音或动作示意。

（3）与患者说话时先说其名字，提示与其对话。

（4）不要用不文明、不尊重的词句，以免冒犯视障人士及其家属。

二、视功能评估

视功能评估包括眼部检查、视力检查、屈光检查、对比敏感度检查、视野检查、眩光检查、色觉检查、立体视觉检查及视觉电生理检查等。

（一）眼部检查

眼部检查包括眼前段、眼后段检查，通过裂隙灯、眼底镜、聚焦灯泡手电筒等常用检查，可以发现眼部异常（具体检查方法详见第二章），举例如下。

1. 可用裂隙灯或焦聚灯泡手电筒检查眼前段　观察有无眼眶、眼球突出或陷落，有无眼球震颤，用手压迫泪囊处皮肤有无溢液和分泌物从上下泪点溢出。眼睑有无缺损、炎症、肿物，眼睫毛内、外翻，两眼大小是否对称；结膜有无充血，结膜囊有无分泌物，持续溢泪；角膜是否透明呈圆形；瞳孔是否居中、形圆、黑色外观；虹膜是否纹理清楚、有无粘连；晶体是否透明。笔灯检查眼球各方位运动有无受限。

2. **可用裂隙灯配合前置镜或眼底镜等检查眼后段** 如玻璃体是否透明，眼底视乳头区、黄斑区是否正常、血管比例是否正常、有无出血渗出。

（二）视力检查

视力即视锐度，它代表形觉功能。通常所说的视力是指中心视力，它反映功能最敏锐的视网膜黄斑中心凹的视力。最能正确评价视障人士的视功能情况，可以评价常见眼病治疗前后的疗效。对于视障人士，它是选择视障辅助器具的主要依据。

不同年龄的视障人士心理发展、认知水平、智力发展的情况不同，所以应根据不同的年龄特点来选择相应的方法来检查视力。低龄儿童欠配合或语言交流的限制增加了视力检查的难度，因此检查范围受限，对其视力是间接性判断（具体详见第九章第二节的儿童低视力检查方法）。而较高龄儿童及以上能够配合视力表检查的，可以使用视力表进行检查。

1. **视力的词汇** 关于视力，除了中心视力，临床上提及的还有周边视力、远视力、近视力、裸眼视力、矫正视力、游标视力、视力表视力等。而在低视力学科中常涉及的视力有：功能性视力、生活视力、残余视力、康复视力／助视器视力。

（1）中心视力：眼部无异常，通常视网膜黄斑区中心凹看物体的视力。中心视力应是最清晰、最敏锐的。

（2）周边视力：通过黄斑区中心凹的周边部分来看物体的视力，也叫作中心外视力。

（3）远视力：5m 以上视物人眼静止屈光状态的视力。在我国检查远视力的距离一般是 5m 或 2.5m，使用 5m 或 2.5m 的远视力表。

（4）近视力：近处视物对人眼有调节参加的动态屈光状态的视力。近视力的检查距离一般可为 25cm 或 40cm。

（5）裸眼视力：是指未配戴任何眼镜或接触镜的情况下（非矫正状态）所测得的视力。

（6）矫正视力：有近视、远视、散光等屈光不正时，用框架眼镜或接触镜矫正后所测得的视力，包括矫正远视力和矫正近视力。

（7）游标视力：有类似常规视力的空间分辨性，同样是辨认具有清晰轮廓的目标，主要分辨线段的不连续性，正常值为 2″~10″ 视角，其高分辨力与线段错开点的明暗对比有关。立体视觉是辨别周围的距离、深度的能力，正常值为 ≤ 60″。

（8）视力表视力：属于主观测定为心理物理学指标，它并不等同生理视力。视力表视力与眼的屈光状态和视觉系统的生理是否正常有密切关系，而正常视力标准仅是相对的意义，所以视力的优劣往往受各种因素影响，但更多的是强调客观所查视力的重要性。

2. 视力的记录法 视力记录法是表达视力优劣的方式，纵观国际国内共有4种表达法（表4-2-1）。

表4-2-1 4种视力记录对照表

5分记录	小数记录	视角对数	分数记录 d/D		
L=5−Log α	（V）	（LogMAR）	5m	2.5m	2m
4.0	0.1	1.0	5/50	2.5/25	2/20
4.1	0.12	0.9	5/40	2.5/20	2/16
4.2	0.15	0.8	5/32	2.5/16	2/12.8
4.3	0.2	0.7	5/25	2.5/13	2/10
4.4	0.25	0.6	5/20	2.5/10	2/8
4.5	0.3	0.5	5/16	2.5/8	2/4
4.6	0.4	0.4	5/13	2.5/6	2/5.2
4.7	0.5	0.3	5/10	2.5/5	2/4
4.8	0.6	0.2	5/8	2.5/4	2/3.2
4.9	0.8	0.1	5/6	2.5/3	2/2.4
5.0	1.0	0	5/5	2.5/2.5	2/2
5.1	1.2	−0.1	5/4		
5.2	1.5	−0.2	5/3		
5.3	2.0	−0.3	5/2.5		

3. 视力表视力的检查

（1）远视力检查：远视力检查包括裸眼远视力、生活远视力、矫正远视力的检查。

常用的视力表有国际标准视力表（如图4-2-1）、标准对数视力表（如图4-2-2）、LogMAR视力表（如图4-2-3）、Snellen视力表（如图4-2-4）。远视力检查时通常检测距离5m，视力表照度为500Lux，视力表1.0行高度为被检者眼睛高度。

视力表远视力检查步骤如下：检查时，一眼遮挡，但勿压迫眼球，按照先右后左顺序，单眼进行检查。自上而下辨认视标，直到不能辨认的一行时为止，其前一行即可记录为被检者的视力。

第四章 视力障碍的诊断与评估 · 053

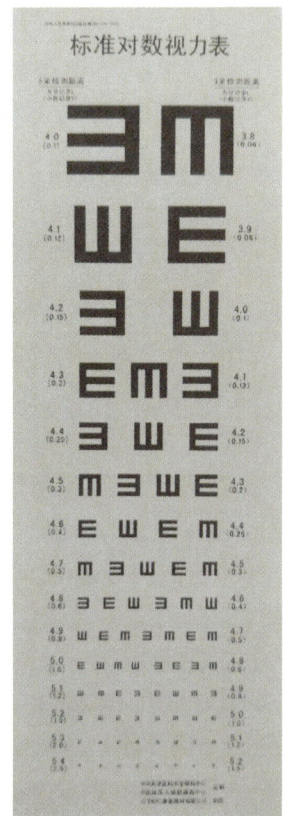

图 4-2-1 国际标准视力表

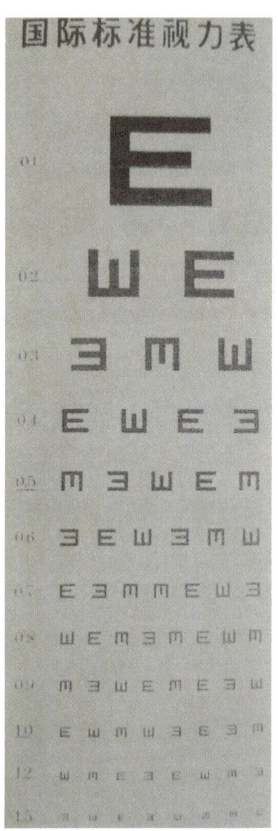

图 4-2-2 标准对数视力表

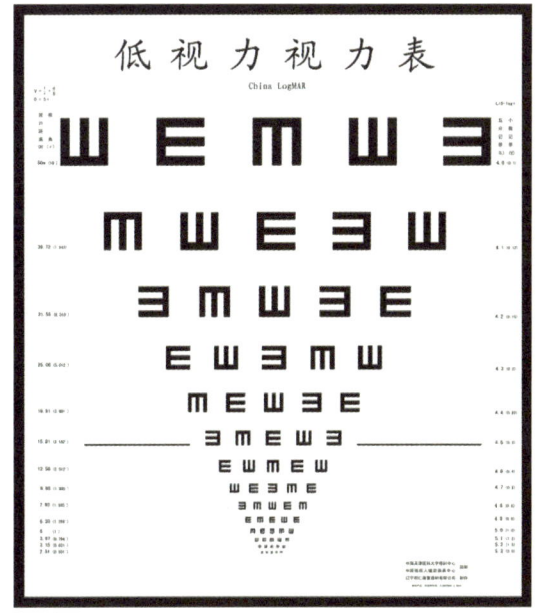

图 4-2-3 远视力检查-远用 LogMAR 低视力视力表

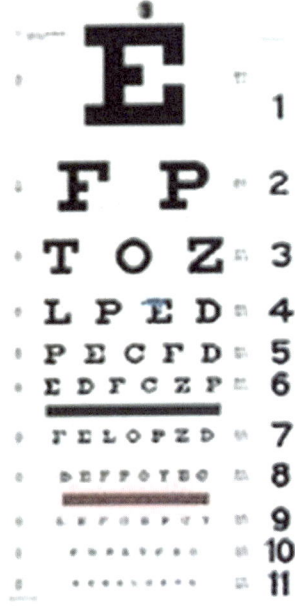

图 4-2-4 Snellen 视力表

如患者不能看到 0.1 的视标，移近视力表直至看清最大视标，以实际距离计算，如辨认清楚最大视标（0.1）的距离为 4m 时，则测算出视力为：0.1×4/5=0.08。如距离 1m 处仍无法识别最大视标，则检查指数，并记录距离。如距离 5cm 处仍无法识别指数，则查手动，并同时表明识别手动的最远距；如眼前手动不能识别，则检查光感，记录"光感"或"无光感"。

（2）近视力检查：常用的近视力表有国际标准近视力表、LogMAR 近视力表。我国常用两对比度标准对数近视力表（如图 4-2-5）来作为近视力的测试的工具，近视力检查时应当注意通常测试距离为 30cm，采用自然弥散光线或用手电筒做局部照明（具体检查要求以视力表实际标注的设计检查要求为准）。

视力表近视力检查步骤如下：检查时，一眼遮挡，但勿压迫眼球，按照先右后左顺序，单眼进行检查。自上而下辨认视标，直到不能辨认的一行为止，其前一行即可记录为被检者的视力。如患者不能看到 0.1 的视标，可以移近距离到看清视标为止，然后记下视力与距离。

图 4-2-5　近视力检查－两对比度标准对数近视力表

（三）屈光检查

对视障人士进行常规和细致的屈光检查，有助于判断其裸眼视力是否可以矫正。因为某些疾病，如双眼弱视、白化病、核性白内障、先天性白内障术后等，常伴有明显的屈光不正。常用的低视力视障人士屈光检查有客观验光法、主觉验光法和睫状肌麻痹验光法。

客观验光包括检影验光和电脑验光。检影验光原理：检影者持检影镜将散开光斑投射在被检者眼底，并沿一定方向来回移动该散开光斑，然后观察通过被检眼屈光系统折射后的光斑移动方向，这样检影者就能判断出被检眼视网膜反射的光线是恰好聚焦在检影者眼平面还是聚焦在检眼者的眼前或眼后，然后在被检者眼前放置具有一定屈光度数的镜片，当放置的镜片使被检眼视网膜反射的光线恰好聚焦在检眼者眼平面，此时被检眼的远点被调整到检眼者眼平面位置。通过计算就可以获得被检眼的屈光不正度数。

主觉验光就是对以客观验光为主的初始阶段所获得的预测资料进行检验，是规范验光的精确阶段。主觉验光的原理是雾视技术、红绿实验、交叉柱镜技术、双眼平衡技术。主要使用综合验光仪进行验光。

睫状肌麻痹验光又称散瞳验光，即使用药物使睫状肌完全麻痹失去调节作用后进行验光，不受调节的影响。它是一种能比较准确获取无调节状态下眼屈光状态信息的方法。视障人士常合并眼病，需注意是否能够进行药物散瞳；而且其屈光间质的清晰度、眼球的固视和眼球震颤的情况会直接影响验光的结果；要在睫状肌麻痹恢复后再进行助视器的适配。

（四）对比敏感度检查

对比敏感度是在明暗对比变化下，人的视觉系统对不同空间频率的正弦光栅视标的识别能力，不仅能够检测空间频率的变化，还能检测对比度的变化。

空间频率是指光强呈正弦分布的物中，单位长度内光强度起伏的次数，常以1°视角内所含条栅的数目表示，单位为周/度（c/d，cpd）。

距离眼前40cm处检查，一眼遮挡，但勿压迫眼球，按照先右后左顺序，单眼进行检查。让患者依次读出测试卡上的视标，直至无法辨别为止，记录检查结果。

常用的视觉对比度检查方法有MARS对比敏感度测试卡（图4-2-6）、VCTS6500对比敏感度测试卡和自动眩光、对比敏感度检测仪及对比敏感度测试表（图4-2-7）。进行MARS对比敏感度测试卡检查时环境光线充足，检查过程中注意保持检查距离。

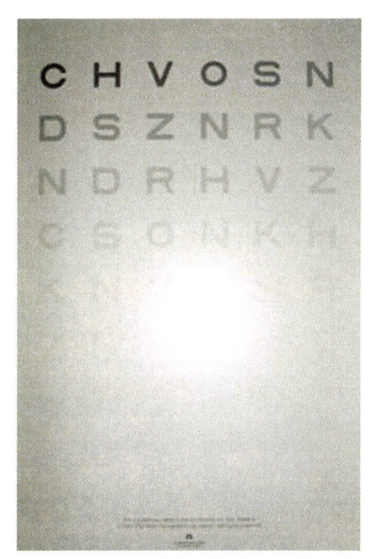

图4-2-6 对比敏感度检查－Mars对比敏感度测试卡

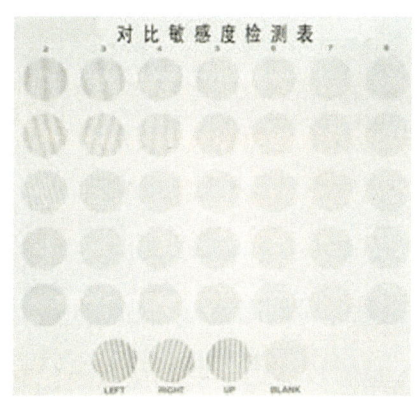

图4-2-7 对比敏感度检查－对比敏感度测试表

（五）视野检查

视野是指周边视力，即当眼向前固视某一点时所能看到的空间范围。它反映的是视网膜黄斑部注视点。距注视点30°以内的范围称为中心视野，30°以外的范围为周边视野。视野对人的工作及生活有最大的影响，世界卫生组织规定视野半径小于10°者，即使视力正常也属于盲。

许多眼病及神经系统疾病均可引起特征性的视野改变，所以视野检查在疾病诊断中有重要意义。常见视野缺损类型：半侧视野缺损、中心视野缺损、周边视野缺损及黄斑回避。正常视野以白色光标为例，单眼上方约60°，下方略超过70°，鼻侧约70°，颞侧可达100°（如图4-2-8）；而除生理盲点外，全视野范围内各部位的光敏感度均正常。生理盲点位于固视点颞侧15°左右的生理暗点，即视盘处。

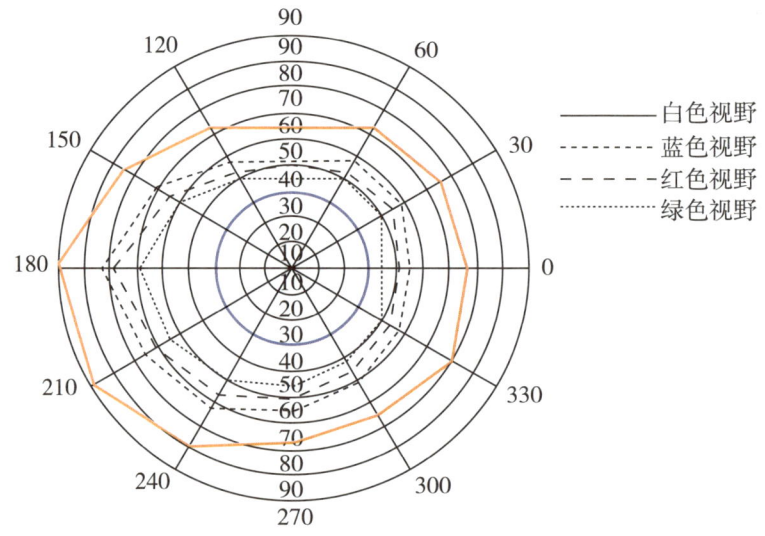

图4-2-8　正常眼（左）视野范围

中心视野检查常采用Amsler方格表，检查中心10°范围内的中心暗点、旁中心暗点以及视物变形区，对黄斑病变的检查及预防有着重要的意义，如图4-2-9。检查距离为30cm，要求被检者配戴远矫正眼镜，注视中央白色固视点。观察指标包括：①是否看见纸板中央白色小圆点；②是否看见方格表的4个角及4条边；③是否存在某处某方格模糊或消失；④是否各个方格都为正方形，是否存在某处线条弯曲或变得不规则。该检查方法简单易行，携带方便，无需专业知识，患者可自查。

周边视野简易检查采用视野盘，遮盖被检者一眼，将视野盘水平置于其睑裂同一高度，嘱被检者注视视野盘中心点，保持注视点距离角膜前顶点40cm，检查者沿视野盘的内侧面由周边向中央缓慢移动不同大小的白色视标（视标大小依据视力而定），要求对方一看到视标便马上报告，依次顺时针旋转45°、90°、135°，记录视野盘上的度数。该检查方法简单易行，但只可初步测量被检者视野周边的界限，无法检查其中有无缺损区。

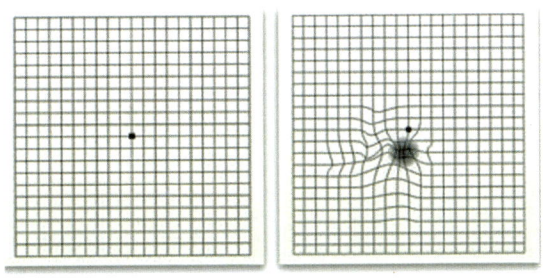

图 4-2-9　中心视野检查 -Amsler 方格表
（左为正常，右为异常）

Goldmann 视野计作为医院常用的视野检查仪器，具有检查准确、敏感且重复性好的优点。其背景、视标大小、亮度及对数梯度变化均能在投射式的半球型视野面上精确控制。它也能通过检测被检者对光的敏感度来定量分析和描述视野缺损的情况，并对视网膜的光阈值进行定量检测，能准确筛查出青光眼及黄斑病变等导致视力障碍的眼病。

黄斑微视野计的检查目前主要有共聚焦激光扫描眼底镜、MP-1 微视野计及 MAIA 微视野计，这些机器能够精确地检测到黄斑区、视网膜功能的改变，并能够检查黄斑病变患者的优先视网膜注视点，指导视觉康复。其中 MAIA 微视野计更可以作为视网膜优先注视点固视训练的仪器。

目前除了主要常用 Amsler 方格表、视野盘、平面视野计、弧形视野计和对照法外，现代的视野检查法实现了标准化、自动化，也与其他视功能检查相结合，如运动觉视野、蓝黄色的短波视野、频闪光栅刺激的倍频视野等。

（六）眩光检查

眩光可分为两种，即失能眩光与不适眩光。失能眩光又称幕罩样眩光，是由于眼病或者外界因素导致散射光线成像在视网膜上叠加造成对比度下降，引起视物模糊。眩光的测试往往与对比敏感度检查相关联，失能眩光检查对视障人士的视觉康复有着重要的指导意义和实用价值。

而由于散射光线造成头痛、眼疲劳、烧灼感、流泪等，却不影响分辨力或视力的称为不适眩光。不适眩光与视力及眼病无关，只需改变周围环境设计即可消除。

眩光的检查常用眩光测试仪（glare tester），如 Innomed Terry 视力分析仪、多种视觉敏感度测试仪和 Miller-Nadler 眩光测试仪等。日本生产的 Takaci-CGT-1000 型自动眩光及对比敏感度检查仪，能同时进行对比敏感度和眩光敏感度两项检查。

(七)色觉检查

1. 概念 色觉即颜色视觉,指人或动物的视网膜受不同波长光线刺激后产生的一种感觉。色觉的三大基本特征:色调、亮度、饱和度,缺少任何一种,都不能准确判断颜色。

色调(色相或色彩)由波长决定,波长不同,色调不同。亮度(明度)则是色调相同,亮度不同。饱和度即颜色的纯度,其中含白色成分越多则越不饱和。

色觉异常,也称色觉障碍,是对各种颜色心理感觉的不正常,按其严重程度可分为色弱和色盲。色弱是指对颜色的辨别能力降低,色盲是指不能辨别颜色。色觉异常多见于先天性改变,亦可见于后天性改变。其中后天性色觉障碍常见于视神经萎缩及球后视神经病变。

2. 检查方法 常用的色觉检查方法有假同色图法、色相排列法。

(1)假同色图法:假同色图常称色盲本(图 4-2-10)。正常人以颜色来辨别,5 秒钟内就能辨别出来;让被检者看其中一组图像,记录辨认结果,并与答案校对。色盲本检查时应注意:首先要进行屈光矫正,屈光不正者需配戴矫正眼镜,不要戴有色眼镜;检查距离多为 60~80cm;照明不应低于 150lx,以 500lx 为宜;判读时间规定在 5 秒内;色盲本应避光保存,不应有污染或褪色。

色盲本主要由三类图构成:示教图、检出图和鉴别图。

示教图:让被检者了解检查的方法以及要求。

检出图:用于鉴别被检者的色觉是否正常。

鉴别图:用于鉴别红或绿色觉异常者。

(2)色相排列法:在固定照明条件下,嘱被检者将许多有色棋子依次排列,将与前一个棋子颜色最接近的棋子排在其后面,根据排列顺序是否正确来判断有无色觉障碍及其类型与程度。常用的有 FM-100 色彩检查和 D-15 色盘检查(如图 4-2-11)。

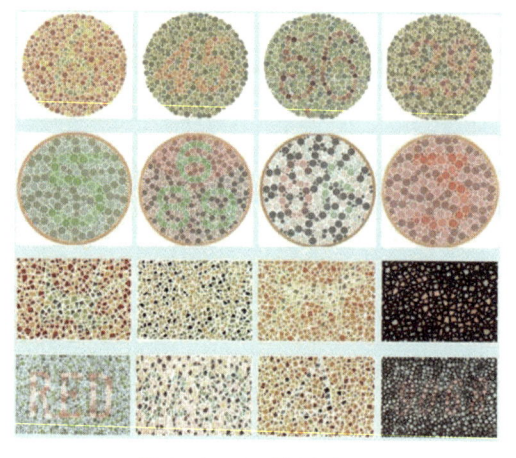

图 4-2-10 假同色图

图 4-2-11 D-15 色盘

例如 D-15 色盘检查方法：共 16 个色相子，1 个固定于盒内为参考，其余 15 个代表自然色中相等色调阶差的色相子。D-15 色盘是在亮度及饱和度基本恒定的条件下，用于测定人们对色调的识别能力，不仅能检出色觉异常者，还能判定色觉异常的程度和类型，可用于先天性和后天性色觉异常的定性定量诊断，具有操作简单、结果容易判断的特点。检查者首先将色相子取出，随意放置，给标准色相子，嘱被检者按照颜色变化的规律顺序排列色相子。

结果分析：将记录纸上的点从标准色相子开始，按被检者所排列的色相子背后序号依次连线，将色相子的排列次序记录在记分纸上并作图。与色觉障碍的特异轴向相比较。如完全按次序排列为正常；如出现相邻色相子的调换为小错；色相子排列次序的连线跨过色圆周称为跨线。按跨线与红、绿、蓝色觉异常混淆轴的位置关系，进而确定红、绿、蓝色觉异常；若跨线较多而排列无规则定为全色盲。排列时间为 1 分钟，但根据情况可适当延长。

（八）立体视觉检查

立体视觉是视觉器官在三维视觉空间，对周围物体的远近、深浅、凹凸和高低的分辨能力。立体视觉的基础是双眼单视。部分低视力残疾人往往双眼视力差，不存在双眼同时视、融合视及立体视。但是对于视障人士的立体视觉的检查可以全面评估残疾人的视功能，为其定向行走、日常生活技能、工作、学习技能提供有效指导。

检查立体视觉可以使用同视机、Titmus 立体视觉检查图片（图 4-2-12）和与计算机相连的立体视觉检测系统、TNO 随机点立体图和随机点立体视觉检查图（图 4-2-13）。

Titmus 立体视觉检查图：患者在矫正视力基础上，戴专用检查眼镜观察检查图，由粗到细依次检查，直至不能分辨，记录结果。

随机点立体视觉检查图：在自然光线下，检查时要求被检者戴红绿眼镜，检查距离为 40cm，如果被检者有屈光不正应配戴相应的矫正眼镜。检查图中有交叉视差图和非交叉视差图，只有两种检测结果都正常，才能视为立体视正常。正常成年人立体视锐度 ≤ 60"。

图 4-2-12　Titmus 立体视觉检查图

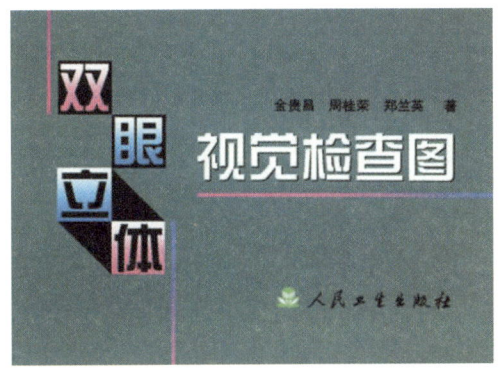

图 4-2-13　双眼立体视觉检查图

（九）视觉电生理检查

眼科视觉电生理检查是一种无创的视功能检查，常用的临床电生理检查包括：视网膜电图、视觉诱发电位和眼电图。对于不能主动配合检查的患者，如婴幼儿、智力低下者以及伪盲者来说，采用电生理检查是一种非常有效的检查方法。表4-2-2为视觉电生理检测方法及其波形与视网膜各层组织的关系。

表4-2-2 视网膜组织结构与相应的电生理检查

视网膜组织结构	
色素上皮	EOG
光感受器	ERG 的 a 波
双极细胞、Müller 细胞	ERG 的 b 波
无长突细胞等	ERG 的 Ops 波
神经节细胞	图形 ERG
视神经	VEP 和图形 ERG

1. 视网膜电图（ERG） 视网膜电图记录图形或闪光刺激视网膜后的动作电位通过改变刺激光、背景光及记录条件，分析ERG不同的波，可帮助各种视网膜疾病的诊断。

（1）图形ERG：起源与神经节细胞的活动密切相关，它的正相波有视网膜其他结构的活动参与。它由P1（P-50）的正相波和其后N1（N-95）的负相波组成。临床应用于开角型青光眼，黄斑病变等。

（2）闪光ERG：主要由一个负相的a波和一个正相的b波组成，叠加在b波上的一组小波为振荡电位。其各波改变的临床意义如下：①a波和b波均下降，反应视网膜内层和外层均有损害，见于玻璃体出血、脉络膜视网膜炎、视网膜色素变性、全视网膜光凝后、视网膜脱离等。②b波下降，a波正常，提示视网膜内层功能障碍，常见于先天性静止性夜盲症Ⅱ型、青少年视网膜劈裂症、小口病等。③ERG视锥细胞反应异常，视杆细胞反应正常，常见于全色盲、进行性视锥细胞营养不良等。④Ops波下降或消失，常见于视网膜缺血状态，如视网膜中央静脉阻塞的缺血型、视网膜静脉周围炎、糖尿病视网膜病变等。

（3）多焦ERG：即多位点视网膜电图。是通过计算机控制的刺激器，以多个六边形模式来刺激视网膜，刺激单元明暗变化由m序列来决定，得到的连续ERG混合反应信号，经计算机分析处理，得出每个刺激单元相应的局部ERG信号，通过多位点曲线阵列来表达，同时可以用三维地形图显示。此外，mfERG还可以平均反应曲线波形以及多种组合图等多种形式来呈送结果。它主要反映了后极部的局部视网膜功能。

2. **视觉诱发电位（VEP）** 视皮层外侧纤维主要来自黄斑区，因此 VEP 也是判断黄斑功能的一种方法。从视网膜神经节细胞到视皮层任何部位神经纤维病变都可以产生异常的 VEP。

临床应用：①判断视神经、视路疾患。②判断婴儿和无语言能力儿童的视力。③检测弱视治疗效果。④鉴别伪盲，主观视力下降而 VEP 正常，提示非器质性损害。⑤对屈光间质混浊患者预测术后视功能等等。

3. **眼电图（EOG）** 眼电图（electrooculogram，EOG）记录的是眼的静息电位，产生于视网膜色素上皮，暗适应后眼的静息电位下降，此时最低值称为暗谷。转入明适应后眼的静息电位上升，逐渐达到最大值——光峰。产生 EOG 的前提是感光细胞与色素上皮的接触及离子交换，所以 EOG 异常可见于光感受器细胞疾病、视网膜色素上皮、中毒性视网膜疾病。一般情况下 EOG 反应与 ERG 反应一致，EOG 可用于某些不接受 ERG 角膜接触镜电极的儿童受试者。

三、生存质量评估

WHO 对生存质量定义为：不同文化和价值体系中的个体对他们的目标、期望、标准以及所关心的事情有关的生活状况的主观体验。对于视障人士，康复前后的生存质量均要测量，通过其康复前后生存质量的对比，可以获得康复后视障人士受益的完整信息。低视力相关的生存质量调查主要针对低视力残疾人的身体、心理、职业、社会活动、健康意识等方面的测量，并与视力障碍的程度密切相关。

目前常用的低视力相关的调查问卷包括低视力生存调查问卷（表 4-2-3）及视功能调查问卷 -14（表 4-2-4），这些问卷能够评估每日日常生活中使用残余视力的能力，也能够评估视障人士参与社会活动能力及心理健康等问题。效用值作为评估低视力视障人士是否有能力去完成日常生活，并能客观地对与健康或疾病相关的生存质量进行评估。效用值的应用可以反馈视障人士视力障碍程度和康复前后的生存质量。

表 4-2-3 低视力生存调查问卷

远视力、行走和照明	等级						
您有哪些问题？	无		中度		重度		
综合视力	5	4	3	2	1	X	n/a
眼部疲劳（例如：只能短时间做工作）	5	4	3	2	1	X	n/a
在室内夜晚视力：需要适量的照明才能看清	5	4	3	2	1	X	n/a
有眩光：因车灯或日光引起耀眼	5	4	3	2	1	X	n/a
看路标或交通信号灯	5	4	3	2	1	X	n/a

续表

远视力、行走和照明			等级				
看电视（看清图像）	5	4	3	2	1	X	n/a
看移动目标（例如：看清路上的车）	5	4	3	2	1	X	n/a
判断深度或距离（例如：伸手拿杯子）	5	4	3	2	1	X	n/a
看台阶或路边	5	4	3	2	1	X	n/a
由于视力关系，在户外活动（在不平坦的人行道）	5	4	3	2	1	X	n/a
由于视力关系，在交通来往时穿过马路	5	4	3	2	1	X	n/a
由于您的视力问题，您是否出现以下问题？	5	4	3	2	1	X	n/a
在生活中不愉快	5	4	3	2	1	X	n/a
由于不能做某些工作而灰心	5	4	3	2	1	X	n/a
访问友人或亲属而受到限制	5	4	3	2	1	X	n/a
是否对您的眼病做过解释？	好		很差		无解释		
阅读和精细工作							
用阅读助视器/眼镜，如应用，有何问题？	无		中度		重度		
阅读大字体（新闻标题）	5	4	3	2	1	X	n/a
阅读报纸和书刊	5	4	3	2	1	X	n/a
阅读标签（药瓶说明）	5	4	3	2	1	X	n/a
阅读信函	5	4	3	2	1	X	n/a
应用工具（刀或针）	5	4	3	2	1	X	n/a
日常生活和活动							
用阅读助视器/眼镜，如应用，有何问题？	无		中度		重度		
看时间	5	4	3	2	1	X	n/a
书写（支票或卡）	5	4	3	2	1	X	n/a
阅读自己的笔迹	5	4	3	2	1	X	n/a
每日活动（家务劳动）	5	4	3	2	1	X	n/a

注：患者回答上述问题时，同意者画圈，由于视力障碍而不能从事某些工作的，则在 X 上画圈，如果不做某项工作是由于非视力的原因，可在 n/a 上画圈。

表 4-2-4　视功能调查问卷 -14

测试时询问参加者：在做下面的事情上，您感觉到困难吗？如果您平常戴眼镜，请回答您戴眼镜时的情况，如果回答有，则询问困难的程度，共分 4 级：①一点困难；②中等困难；③很困难；④因为我的视力已停止此项活动，如果由于其他原因或不感兴趣而不做这项活动，记录为不适用。下面是 14 个问题：

1. 阅读小字，如药瓶上的标签或电话簿上的号码。
2. 阅读报纸和书刊。
3. 阅读大字，如报纸上的大标题或电话机上的号码。
4. 熟人走近您时，您能认出他吗？
5. 能看清楚台阶、楼梯或马路沿儿吗？
6. 能看清交通、街道或商场标记吗？
7. 做手工活，如缝纫、编织、钩织或木工。
8. 填写存款收据。
9. 玩游戏，如多米诺骨牌、纸牌或麻将。
10. 参加体育活动，如保龄球、手球、网球、高尔夫。
11. 做饭。
12. 看电视。
13. 白天驾车。
14. 夜晚驾车。

计算方式：VF-14 等级分为 0~100，0 表示参加者无法进行任何事情，100 表示参加者毫无困难地进行任何事情，所以分数记录为：无困难 100，一点困难 75，中等困难 50，很困难 25，因为我的视力已停止此项活动为 0，如果回答"由于其他原因或不感兴趣而不做此项活动"则不参加评分。分数相加求平均值。

四、康复需求评估

视觉康复是最大可能地利用患者的残余视力，就是将视力障碍的影响降到最低程度。在进行视障康复前需明确视障人士的康复目的及需求，为制订个性化康复方案提供依据。主要是针对日常生活、沟通交流、求职就业、休闲娱乐、阅读学习。

表 4-2-5　康复需求评估

康复需求评估	日常生活	□识别人脸表情　□穿衣　□洗漱　□吃饭　□购物　□行走　□下厨　□理财 □其他：
	沟通交流	□面对面交流　□利用网络通讯交流　□书面表达　□打电话　□其他：
	求职就业	□无　□按摩师　□文字录入　□调酒师　□乐器演奏　□教师　□其他：
	休闲娱乐	□无　□唱歌　□乒乓球　□乐器　□羽毛球　□摄影　□其他：
	阅读学习	□看黑板　□看书报　□看电视　□看屏幕　□语音　□书写　□其他：
	心理咨询	□有　□无

五、康复服务流程

针对上述视功能检查和功能性视力评估的重要性，视障辅助技术专业人员以国家康复政策为准绳，以康复需求为导向，以提高功能性视力为措施，以提高生存质量为结果，不断优化视障康复流程，以便更好地服务视障人士（以福建省低视力康复流程为例，如图 4-2-14）。

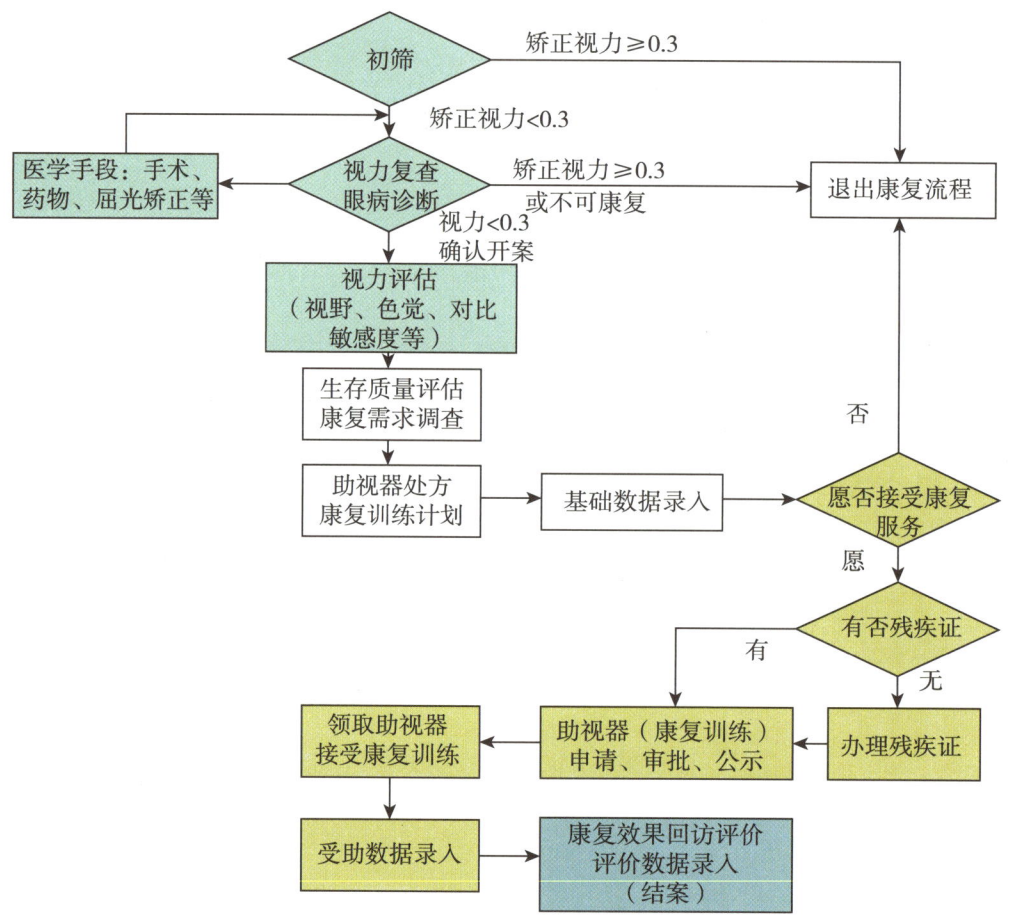

图 4-2-14　福建省低视力康复服务流程图

> **思考题**
>
> 1. 思考远视力和近视力检查的异同点有哪些？
> 2. 视觉对比敏感度对视障儿童的意义是什么？

第五章

视力障碍辅助器具

>>> **本章要求**

1. 掌握视障辅具的概念和分类。
2. 掌握视障辅具的优缺点。
3. 了解光学助视器的放大原理。

第一节 视障辅具的概念与分类

视障人士在周围环境中的活动和参与能力下降，任何一种可以补偿或代偿这种受损能力的装置或设备叫视障辅助器具，简称视障辅具。视障辅具包括视觉性辅具和非视觉性辅具，如图 5-1-1。

一、视觉性辅具

视觉性辅助器具（助视器）是指可以改善视障人士功能性视力的任何一种装置或设备，包括：

1. **光学助视器** 各类放大镜、眼镜式助视器、望远镜等。
2. **非光学助视器** 低视力专用滤光镜、改善照明条件等。
3. **电子助视器** 手持电子助视器、便携式台式电子助视器、台式电子助视器。
4. **其他** 增加对比度、增大目标尺寸、减少目标物拥挤现象、手机/电脑放大软件。

二、非视觉性辅具

非视觉性辅具（即盲用辅具）是指利用视觉以外的其他感官功能代偿，提高视障人士活动能力的装置或设备，包括：

1. **听觉补偿** 如读屏软件、听书机、语音寻物器等。
2. **触觉补偿** 如盲杖、盲文等。

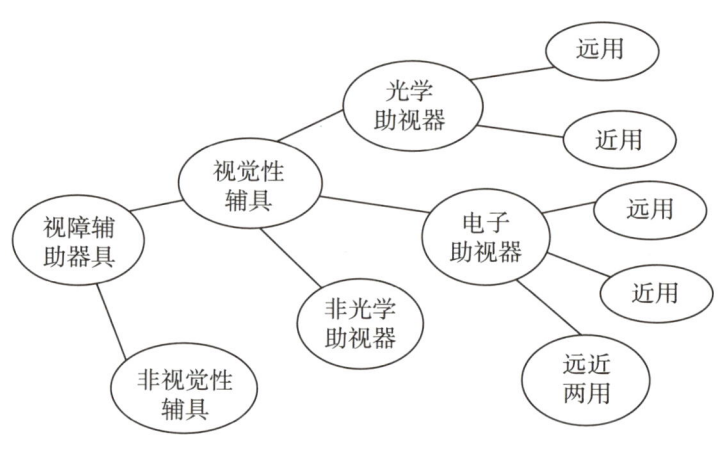

图 5-1-1 视障辅助器具的分类

第二节 视觉性辅助器具

视觉性辅助器具（即助视器）包括光学助视器、电子助视器和非光学助视器。

一、光学助视器

光学助视器是一种通过光学原理或方法，以提高视障人士视觉活动水平的器械或装置。通常根据使用距离分为近用光学助视器和远用光学助视器。

（一）近用光学助视器

1. **放大原理** 放大作用即增大目标在视网膜上的成像，有 4 种方法（详见第一章视光学基础知识）。

（1）相对体积放大作用：目标实际的体积或大小增大了。即当实际目标增大时，视网膜成像也随着增大，两者的关系成正比，也可解释为目标增大几倍，视网膜成像也相应增加几倍。常见的有大字印刷品，如大字书、大字报纸等；还有用毡制粗笔尖代替一般圆珠笔，前者写出的字比后者粗大很多。

（2）相对距离放大作用：相对距离放大作用也叫移近放大作用，即将目标例如书刊向眼睛移近而产生放大作用。当目标向眼睛移近时，视网膜成像也随之增大。当目标距离眼 40cm 时，视网膜成像为 1 倍；当目标距离眼 20cm 时即为原距离的 1/2 时，视网膜像放大 2 倍；当目标离眼为 10cm 即为原距离的 1/4 时，视网膜像放大 4 倍；依此类推。

（3）角放大作用：是指物体通过光学系统后视网膜成像大小，与不通过光学系统视网膜成像大小之比。最常见的光学助视器之一放大镜便是根据此工作原理。

（4）投影放大作用：即把目标放大投射到屏幕上，如电影、幻灯以及闭路电视（CCTV）等，都称为投影放大。

2. 分类 近用光学助视器主要有眼镜式助视器（包括球镜、柱镜、三棱镜等）、放大镜（包括镇纸式放大镜、手持式放大镜、胸挂式放大镜等）。

（1）眼镜式助视器：由镜架和镜片两部分组成，镜架款式包括全框、半框、无框，镜片类型包括单焦点、双焦点、多焦点、渐近多焦点。在常规医学验光测得正负球镜度数、正负柱镜度数及轴位、棱镜度及朝向或其他参数。用于矫正屈光不正及矫正斜视及辐辏功能障碍等，是低视力康复的第一步。

a. 近用眼镜式助视器应根据视障人士的屈光情况及残余视力情况进行定做，以更好地满足视障人士的个性化视物需求。阅读时，配戴近用眼镜式助视器需要将阅读物贴近眼镜，然后逐渐拉远，从而找到最清晰的阅读距离。

b. 放大原理：普通眼镜助视器与一般眼镜没有明显差别，只是屈光度数较大。眼镜式助视器属于一种相对放大作用，由于目标移近增大了视角，放大了该目标在视网膜上的成像，而眼镜式助视器代偿了由于距离缩短而引起的人眼调节力的不足，而不单单为凸透镜的放大作用。

c. 优点：在阅读过程中由于视障人士的双手双眼自由使用，可以让其手眼协调，视物清晰、自然，符合大众审美，是目前视障人士最容易接受的助视器；可以满足长时间阅读；在凸透镜助视器中，眼镜式助视器的视野最宽；保留了双眼视觉；可以空出双手拿材料或书写；适用于手臂震颤者。

d. 缺点：镜片如超过+10.0D或+12.0D，则常常难以达到双眼同时视，只能用单眼看目标，而+14.0D的视障人士只能在视力较好眼戴凸透镜，而且固定的光学中心可能降低旁中心注视的效果，视野范围较为局限；凸透镜度数越高，阅读距离越近，最高度数的眼镜式助视器的阅读距离可在2.5cm之内；较近的阅读距离会妨碍照明；透镜度数较高时，阅读速度会减慢；透镜度数增加时，视野逐渐缩小；光学中心固定，对于偏心注视的视障人士有一定困难，他们必须转动眼镜或歪头视物；透镜超过+10.00D时书写困难；高度正透镜产生的像差诱使影像畸变、色散效应。目前残联提供的眼镜式助视器多为双眼屈光度一致的正焦度较高的常规框架眼镜，通常焦度为+4.00D~+20.00D，针对视障人士个性化的视物需求，部分视障人士需定制镜片。

（2）放大镜：

①手持光学放大镜：手持光学放大镜是一种以手持形式进行操作的放大镜，可分带光源及不带光源两种类型，有的可进行折叠等多种操作方式，如图5-2-1。手持放大镜的屈光度在+4D~+68D之间，便于购物、阅读刻度盘和标签、识别货币等。光学放大镜的作用随着对比敏感度增加而更加显著。通过上下调节放大镜与阅读物的距

离及使用者眼睛与放大镜的距离来寻找到适合使用者的放大倍数及最清晰的视物状态，进行阅读。

a. 光学原理：当物体（或阅读物）位于手持放大镜的焦点处，经光学放大镜后，以平行光线出射，所以视障人士应戴上其矫正眼镜。一般这种情况下，等效屈光度就等于手持放大镜本身的屈光度。如果物体始终位于手持放大镜的焦点上，那就把物体和手持放大镜同时移远或移近，等效屈光度保持不变。

图 5-2-1　手持光学助视器

放大率的计算方法是：（以 25cm 为基准点）放大率 M＝放大镜屈光度数 D/4，例如 +24.00D 放大镜的放大率 M＝24/4＝6×。或者是，放大率 M＝20cm（明视距离）/ 放大镜的焦距 f，例如上例：M＝20/4＝5×。

b. 优点：携带方便，不需要过度调节，同时也有很多的便利：工作或阅读距离可以改变，可用于视野小的视障人士；放大倍数可以改变；适用于非中心注视视障人士使用；一般不需阅读眼镜；适用于短时间使用及阅读细小的材料；价格便宜，易于买到，使用方便；放在眼前可以做眼镜助视器使用；对照明要求不高。

c. 缺点：由于必须维持在正确的焦点距离才能获得最大的放大倍数，视障人士需要变换体位且对于有手颤或关节僵硬症状的视障人士不合适，需占用一只手；像差较立式放大镜大；其实际放大倍率低于理论放大倍率；视野较小，尤其在高倍放大时；阅读速度慢，不易有双眼单视；视障人士有手颤时，较难使用。

②胸挂式放大镜：是一种可调节距离、解放双手进行视近阅读的光学放大镜，如图 5-2-2。镜面放大倍率由 2.5 倍及局部 5 倍组成；可分带光源及不带光源类型。通过放大镜底端支架挂在胸部，使用放大镜配置挂脖调节绳进行调整人眼与放大镜镜面的距离。

a. 优点：可以解放双手；具有两种放大倍率；带光源，增强照明。同时，它也要求使用者身体要达到一定的平稳。

b. 缺点：注视眼和胸挂式放大镜的相对距离固定，助视器需要挂在脖颈。

③镇纸式放大镜：又称 Visolett 放大镜，由透明介质材料制作，结构为一面制成凸球面或凸非球面，另一面制成焦量小得多的凹面。把它压贴在阅读物上，使用者寻找最清晰点进行阅读，如图 5-2-3。

a. 优点：使用镇纸式放大镜时，可以不受双眼融像的影响，使用简便；适用于短时间精细工作；适用于儿童或不能手持放大镜的成人；可与标准阅读眼镜联合使用；适用于视野受限者；后表面定量设计的凹面具有一定消像差的作用。

b. 缺点：视野小，用镇纸放大镜需书架，以防止坐姿不良。

图 5-2-2　胸挂式放大镜

图 5-2-3　镇纸式放大镜

（二）远用光学助视器

远用光学助视器则主要是中远距离眼镜式助视器和望远镜（包括单筒望远镜、双筒望远镜）等。

1. **中远距离眼镜式助视器**　外观与常规框架眼镜相似，左右两边分别由前后两片镜片组成，工作原理跟单筒望远镜相同，通过旋转拉伸两块镜片的距离进行视物目标的放大或缩小，如图 5-2-4。调节双眼中距离眼镜式助视器时先遮盖一只眼，进行调整另一只眼的清晰度。调整好再遮盖已调好的，进行另外一个镜片的调整。使用时最远可清晰观察 3m 处目标物，主要用于看电视等中距离。由于中远距离眼镜式助视器瞳孔距离固定，且镜面弯曲度较大，若视障人士头部较大，可能会由于两个镜片系统的光轴不平行而发生重影。

2. **望远镜**

（1）望远镜的光学原理：望远镜系统是由物镜和目镜两个光学系统组成，物镜为靠近注视目标的正透镜，目镜为靠近注视眼且焦度比物镜大得多，根据目镜的类型可分为伽利略望远镜和开普勒望远镜，若目镜是负透镜则为伽利略望远镜；若为正透镜，则是开普勒望远镜。

①伽利略望远镜：伽利略望远镜包括 1 个物镜（正透镜）及 1 个目镜（负透镜），如图 5-2-5 所示为伽利略望远镜的光学原理示意图。

如果是非调焦或固定焦距的伽利略望远镜，物镜与目镜间的距离为 d，可以从下列公式求出：

$$d = f_1' + f_2'$$

上式中，d 为望远镜物镜与目镜间的距离；f_1' 为物镜像距；f_2' 为目镜像距。

图 5-2-4 中远距离眼镜式助视器

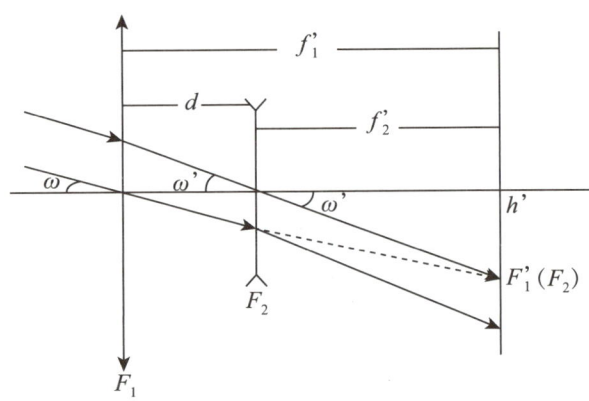

图 5-2-5 伽利略望远镜的光学原理示意图

望远镜系统的放大作用的公式为：

$$M = \frac{-F_2}{F_1}$$

其中，M 为望远镜的放大率；为 F_2 目镜屈光力；F_1 为物镜屈光力。

②开普勒望远镜：该类望远镜物镜与目镜均为正透镜，目镜的屈光力比物镜的屈光力大的多，如图 5-2-6 所示为开普勒望远镜的光学原理图。

（2）望远镜的分类：望远镜可分为单筒望远镜和双筒望远镜。

①单筒望远镜：单筒望远镜可以调焦，视物范围约为眼前 30cm 到无限远，使远处目标放大，携带和使用都比较方便；但因为倍率越高，视野越小，即高倍率视野明显缩小，景深短，不便在走路时使用，不支持双眼视觉，图 5-2-7。

单筒望远镜的目镜、物镜的辨别：旋开单筒望远镜占据整体长度较短一段为目镜，较长的为物镜。目镜视物图像较大、视物范围小。物镜视物图像缩小、视野放大。使用时通过目镜观测，旋转镜身达到视物最清晰点进行视物。

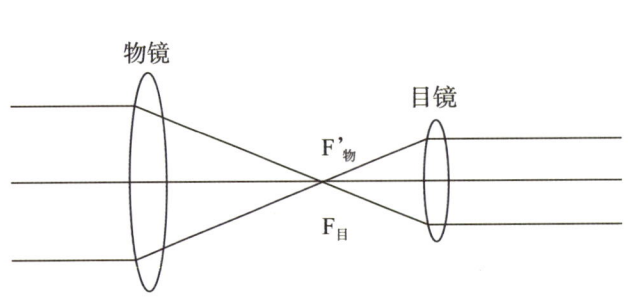

图 5-2-6 开普勒望远镜的光学原理图

图 5-2-7 单筒望远镜

②双筒望远镜：形似眼镜，在使用过程中通过调整光心距手轮，找到合适的瞳距，根据目镜观测，旋转镜身达到视物最清晰点进行视物。它是可调焦的，视物范围约为眼前30cm到无限远，使远处目标放大，支持双眼视觉；同时也因为它倍率越高，视野越小，即高倍率视野明显缩小，景深短，不便在走路时使用，质量也会较重，携带不便。

二、电子助视器

电子助视器包括手持式电子助视器和台式电子助视器。

（一）手持电子助视器

手持电子助视器是一种便携、自带屏幕机体、内嵌摄像头的手持电子助视器。大多数为近用，部分具有远用功能。可通过内嵌摄像头压贴目标内容传输至机体屏幕，使用者使用按键操作进行放大或缩小、改变对比度等设置改善目标内容的阅读环境提高阅读效率。在使用时要掌握摄像头的位置，通过借鉴物来掌握换行的方法。它的画面清晰，无像差，亮度、放大倍率可调级，可变化底色，改变目标物对比度，适合不同低视力眼病患者，方便随身携带。但是它的屏幕较小，阅读范围受限，所以多为近用。有的可在平板电脑或手机内安装助视软件，也可达到近用助视器的效果，其接受度高。

图 5-2-8　手持电子助视器

（二）台式电子助视器

台式电子助视器通过外置摄像头将近或远的阅读目标传输至显示器中，对阅读目标进行放大、缩小或改变对比度等方式处理，提高视障人士的阅读功能。对阅读目标的搜寻定位，根据视障人士自身情况设置放大倍率及对比度等功能要求，掌握视近或视远目标的阅读方式。

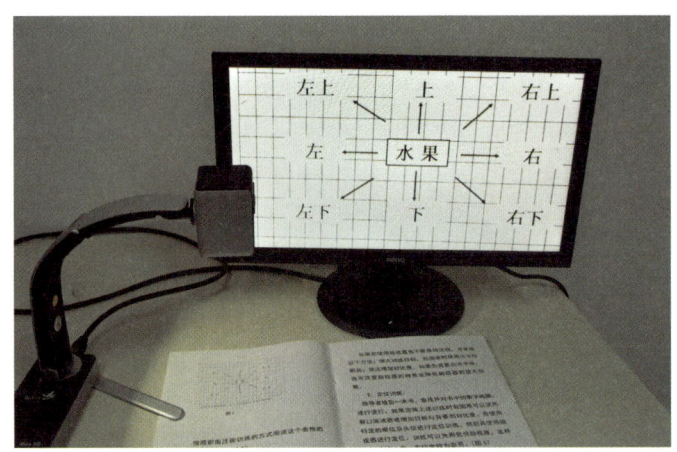

图 5-2-9 台式电子助视器

1. 放大原理 台式电子助视器是用摄像机将物体摄入放大后在显示器上显示出来,实际是投影放大作用的原理,即相对体积放大作用和相对距离放大作用的结合。如果从 25cm 的距离来看闭路电视的时候,相对距离放大作用 = 1 或 1 个单位。从上述可以明显看出闭路电视助视器在阅读距离方面的优越性,如当从比 25cm 更近的距离来看屏幕时,总共可以获得的放大倍率是相对体积放大作用和相对距离放大作用的乘积,即 M = M1*M2。其中,M1:闭路电视助视器(CCTV)的相对体积放大作用;M2:相对距离放大作用,那么相对距离放大作用 = 1×,如果屏幕上的像是真实字体的 5 倍,那么相对体积放大作用是 5×。则总的放大作用是 M = M1*M2 = 1*5 = 5×。如果患者选择普通眼镜助视器,要达到上述相同的放大倍率,则需眼镜助视器的屈光度为 5*4 = 20.00D,阅读距离仅为 5cm。

2. 优点

(1)放大倍数高:比传统的一般光学助视器放大倍数高,有些闭路电视助视器的最高放大倍数为 60 倍,这是一般光学助视器无法达到的,且放大倍数变换也很容易,但也应该明白倍率无限的放大或提高不一定能够提高患者功能性视力。

(2)视野大:闭路电视助视器较一般光学助视器的视野大,更有利于严重视力及视野损害患者。

(3)可有正常的阅读距离和使用正常辐辏。

(4)对比度及亮度可以改变:有些患者在对比度提高的情况下,视力有所提高;而有些患者如果怕光,可以把亮度调低。

3. 缺点 不能随身携带,价格相对较高。

三、非光学助视器

（一）滤过有害光线

滤光镜可有效阻挡有害光线进入眼睛，提高对比敏感度，保护眼睛免受蓝光、紫光和紫外线的辐射及干扰，如图5-2-10。低视力专用滤光镜是一款佩戴矫正眼镜的同时也可佩戴的滤光镜。能阻挡有害光线，提高对比敏感度，防止眩光。但也因为有些镜片颜色稍深，视物时失真，不易被接受。

（二）改善照明

对于视障人士选择合适的照明有助于提高患者的舒适度、对比敏感度，在一定程度上可以提高视力。黄斑部损害、视神经萎缩、病理性近视等，常需较强的照明；白化病、先天性无虹膜角膜中央部混浊等，常需较暗照明；角膜中央部混浊或核性白内障，需照明暗一些，要注意避免强光使瞳孔缩小，视力下降；白内障术后无晶体眼在强光下易出现眩光，因而常需较暗照明；老年视障人士往往比正常老年人需要更强些的照明，如图5-2-11。

图 5-2-10 滤光镜

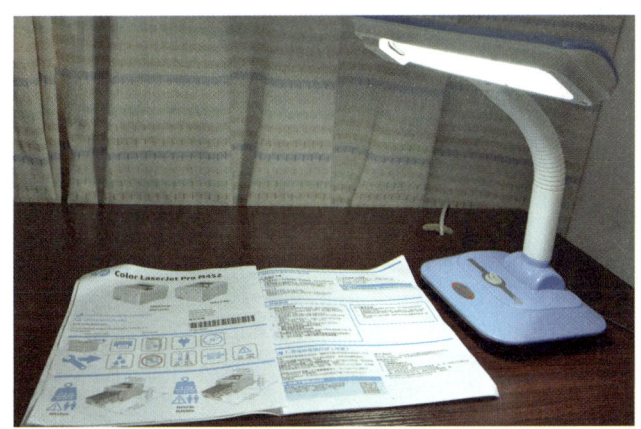

图 5-2-11 台灯

（三）增加对比度

合理的改造家居环境，包括墙壁颜色、地面平坦无障碍、家具与环境色彩搭配、开关插座的标识等等，进而保护视障人士的行动安全，提高生活的方便性。改造时要符合视障人士视力情况、眼病特点、生活习惯等。

根据视障人士的功能需求，对视障人士阅读或视物环境目标进行对比度的改变，让目标物跟环境有强烈的色彩反差，从而帮助视障人士更容易辨认。如书及刊物应有强烈的黑白对比如图 5-2-12；门诊内的设备、地板与墙壁等的对比度要强一些；视障人士的周围环境，如室内家具、桌椅及其上物品，均要求有强的对比度。

（四）放大目标物

注视目标越大，对视障人士所张的视角越大，越容易被患眼看清。尽量将患者采用的阅读和家中需要辨认的物体加大尺寸，如大字印刷品、大字号的电话拨号盘（如图 5-2-13）、大本日历、打字挂钟等等。用于视障儿童或其他年龄患者的文娱活动，有大扑克牌等。

图 5-2-12　增加对比度　　　　图 5-2-13　大字电话

（五）减少目标物拥挤现象

可使用裂口器及线条标记（图 5-2-14）减少目标物拥挤现象。裂口器是一种专门为视障人士制作的阅读卡片。在整个深色的纸板上开一条窄长的缝隙，放在书籍或报刊上，只露出当前阅读的 1~2 行，由鲜艳颜色的纸板制成，裂口大小与相应文本相适。可以使视障人士更加容易找到文字，避开了整排文字的拥挤效应。在一定程度上提高视力，减少阅读带来的疲劳，但阅读范围受到限制。

图 5-2-14　裂口器

第三节 非视觉性辅助设备或装置

一、听觉补偿

(一)读屏软件

读屏软件是专为视障人士或视力有障碍的人设计的屏幕朗读软件。可通过数字键盘以及大键盘上的几个功能键的切换,将屏幕文字及图片信息转换为语音,可进行查找和处理文件、网页导航浏览以及编辑和收发电子邮件等活动。

(二)听书机

听书机是一款通过按键操作,系统语音导航提示,可将word等格式文档资料进行语音朗读并可存储大量音乐、录音、定时设置语音时间等功能的有声电子产品,如图5-3-1。在使用中要掌握基础按键功能设置,熟悉系统操作规律。它的功能较多;全程操作使用语音导航;体积轻巧、携带方便,就是操作会比较繁琐。

(三)语音寻物器

语音寻物器由遥控终端及3~9个语音标签组成成套产品,使用者可将语音标签和物件匹配,并将物件的名称信息通过语音录入语音标签,在规定能范围内按遥控终端操作键即可听到匹配物件上语音标签的物件语音信息提示,如图5-3-2。使用者要了解语音标签的编号及遥控终端的按键位置规律。在使用的过程中会受到距离的限制,遥控终端与语音标签之间有效识别距离应低于15m。

图5-3-1 听书机

图5-3-2 语音寻物器

语音寻物器主要的优点：
（1）可解决视障人士位置识别、衣物、物品、药物等的物品识别需要。
（2）语音指令可由使用者自行录制，极为简便灵活。
（3）形态小巧、安装简便，可以送安装于场所、物品之上。
（4）安全，方便，验配易上手。

二、触觉补偿

（一）盲杖

盲杖是用通过延伸触感代替视觉探寻路况障碍并反馈予使用进行规避的一款行走辅助工具，盲杖有提示行人及车辆的重要作用。种类包括：直杖、折叠杖、伸缩杖、支撑杖；杖头包括：旋杖、勾杖。使用时需要使用者掌握盲杖的基本使用方法及定向行走培训。盲杖的杖头一般采用多向旋转设计（滚轮），易于更换；作为视物的替代物，用以探查路况，避免危险；提示行人及车辆；折叠设计方便携带，有时却不易被患者接受。

盲杖的标准颜色是白色，盲杖的高度要根据自己的身高来确定，一般是选择由地面到腰和肩连线中间的长度。

（二）盲文

盲文或称点字、凸字，是专为视障人士设计、靠触觉感知的文字。透过点字板、点字机、点字打印机等在纸张上制作出不同组合的凸点而组成，一般每一个方块的点字是由六点组成，可通过盲文点显器将普通文字转换为可触摸的盲文，也可通过盲文书写器（包括盲字笔和盲写板）进行盲文书写。

第四节 视障辅具新进展

随着科学技术的飞速发展，计算机视觉辅助技术也日益实用。仿生眼的临床应用（如美国 Argus Ⅱ 人工视网膜芯片成功让视障人士复明技术），前沿助视软件技术的开发（如 Google 公司的 Android 和 Apple 公司的 Apps 技术），物联网信息技术的研发（Google 眼镜及 Orcam 眼镜实现视物信息化技术）及各种知觉补偿助视器技术（文字语音转换 OCR 和嵌入式 Daisy 播放器技术）的革新，从眼科学、视觉科学、神经科学及脑科学的角度入手，以计算机科学和信息学为载体，提高低视力和盲患者的视觉认知及功能性视力，同时也提升他们的生存质量。

一、听觉补偿类助视器

(一)水位报警器

将水徐徐倒入杯中,当水面达到报警器末端金属柱处,报警器即发出响声,提示视障人士水将溢出。

(二)超声波导向仪

视障人士可以靠听觉,根据导向仪发出信号的高低来决定障碍物的有无、方向及距离等。

二、触觉补偿类助视器

(一)靠触觉的阅读器

可以通过阅读器的振动,应用视障人士的手指进行阅读。

(二)靠触觉的盲人手表

视障人士通过对手表表面特殊设计的装置进行触摸,达到分辨时间的效果。

思考题

1. 比较相对距离放大作用和相对体积放大作用,并举例说明。
2. 台式放大镜的优缺点。
3. 近用眼镜式助视器的放大作用和优缺点。

第六章

视障辅具适配

>>> **本章要求**

1. 掌握各种视障辅具的适配。
2. 掌握视障辅具验配流程和注意事项。
3. 掌握视障辅具适配原则、放大镜的光学原理。

第一节 适配原则

合适的视障辅具适配加上相应的康复训练,是视障康复的关键。视障辅具能帮助视障人士有效利用其残余视力,提高视物效果,改善功能性视力,是视障人士康复的有效手段,应加强宣传及推广普及。规范适配视障辅具并辅以必要的使用训练,能有效提高视障人士的生活独立能力,提高生活质量。

1. **个性化适配** 面对不同病因、不同残疾程度的视障人士,如何提供满足他们不同需求的视障辅具是视障康复工作者关注的重要问题之一。在实际适配过程中,康复工作者应基于视障人士现阶段的眼部情况和视功能评估结果,结合康复需求和日常生活工作的需要进行适配。

2. **阶段性适配** 在不同年龄阶段和疾病进展的不同阶段,视障人士的视功能及康复需求均会发生改变,应及时进行视障辅具适配处方的调整,以适应视障人士的康复需求的变化。一般建议1年进行1次视功能检查和视障辅具使用情况评估,必要时重新进行视障辅具适配及调整相应的康复训练计划。

第二节　适配步骤

1. 验配者自身的准备

（1）了解并接受现有视力、眼部情况及预后情况。

（2）了解视障辅具的作用和局限性。

（3）明确康复需求和康复目标。

（4）了解各类视障辅具的作用和优缺点。

（5）调整心态，积极配合和参与制定视障辅具适配处方及康复训练方案。

2. 适配视障辅具的主要依据

应根据视障人士的自身条件，结合各类视障辅具的主要功能和优缺点进行视障辅具适配。适配前，应先进行视功能评估和康复需求评估，以充分了解视障人士的实际视力情况和最大需求，进而为其选择适合的视障辅具并进行康复训练，使视障人士能更好地提高生活和工作能力，重拾参与社会活动的信心。适配视障辅具的主要依据如下：

（1）视障人士自身条件：包括眼部病变情况、社会条件和经济条件。视障康复工作者通过专业检查，评估视障人士的眼部情况、视功能情况、功能性视力和全身情况，结合视障人士的日常生活和工作的实际需要作出综合评估，考虑视障人士的受教育程度、工作或学习需要、能否负担视障辅具费用等，给予恰当的视障辅具适配处方。

（2）各类视障辅具的功能和优缺点：每种视障辅具都有其主要的功能和优缺点。例如：视障人士有视远需求，则可应用中远距离眼镜式助视器提高中远视力，使用单筒或双筒望远镜提高远视力水平；视障人士有阅读需求，则可应用光学助视器（眼镜式助视器、各类放大镜）和电子助视器等提高阅读能力，改善阅读舒适度和持续阅读时长。

光学助视器能有效地提高远视力和近视力水平，改善视功能，而且使用方便、价格便宜，在视障人士日常生活和学习中发挥着重要作用。对于视力严重损害的视障人士，电子助视器是唯一可用的阅读助视器。而且对近距离小字体的阅读，电子助视器能帮助视障人士维持合适的阅读距离，更具有优越性，但阅读效率不一定最高。因此，适配时应综合考虑，可组合适配，扬长避短。

3. 视障辅具适配流程

见下图。

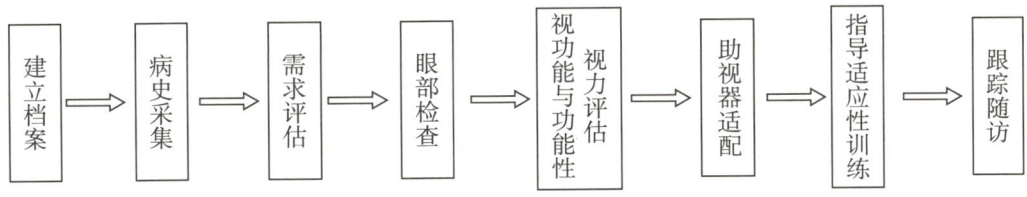

图 6-2-1 视障辅具适配流程

第三节 常用视障辅具适配

一、近用眼镜式助视器

近视力的最低康复标准至少优于分辨极限一倍以上。如书写时的字体尺寸为 0.1 的近视标，则必须有 0.2 以上的近视力才能支持长时间阅读。

1. 适配

（1）根据患者双眼中视力较好眼的残余近视力，选择患眼能看清 0.4 近视标的近用助视眼镜的总焦度和注视距离。

以看清 0.4 视标为标准计算公式如下：

D(看清 0.4 视标的总焦度）=1.35/V（残余视力）

d（注视距离）=1/D

例如：患者测定近视力 0.2，求患者看清 0.4 视标的正透镜总焦度和注视距离。

图 6-2-2 近用眼镜式助视器

D=1.35/0.2=6.75D

d=1/6.75=0.148m

（2）患者远用屈光处方中的柱镜若＜2.00D 则在看近时可以考虑采用等效球镜替代，但远用柱镜度若≥2.00D 则必须在试镜架适量加柱镜。

（3）选择总焦度较低的近用助视眼镜试戴，嘱患者体会不同倍率获得的视力和注视距离的变化，根据患者意愿选择合适的规格。

2. 注意事项

（1）视障人士长期缺乏近视力训练，可能存在外隐斜或外斜，故必须采用基底向内的三棱镜缓解疲劳。

（2）通常残余近视力＜0.1 不建议选择近用眼镜式助视器。因当眼镜正透镜总焦

度 > 10.00D 时，阅读距离 < 10cm，患者长时间使用不便且易疲劳。

3. **适配流程** 见图 6-2-3。

（1）进行常规配前检查。

（2）根据患者残余近视力选择看清 0.4 近视标的近用眼镜式助视器的注视距离和注视总焦度。

（3）根据患者的远光心距和注视距离，计算近光心距，并适当附加集合补偿。当透镜焦度到达 5.00D 时，每增加 1.00D 每只眼增加 $1^\triangle$ BI 的三棱镜。

（4）为患者配戴选定的试戴眼镜后，检查患者单眼和双眼近视力，记录检查结果。

（5）若一眼视力极差，常常干扰好眼的近视力，则在近用时可试遮盖视力较差的眼。但是单眼遮盖仍然需要考虑对近光心距的调整。

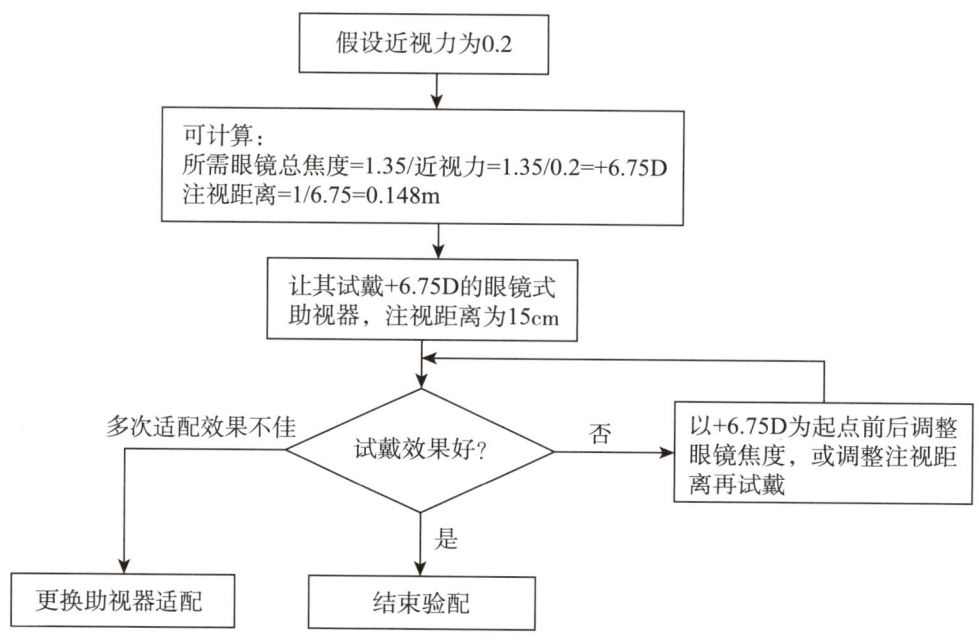

图 6-2-3 近用眼镜式助视器的适配流程图

二、手持放大镜

手持放大镜可提高视障人士视近的能力。

1. **适配**

（1）在常规的眼科检查和视功能检查的基础上测试患者屈光处方和近视力。

（2）根据患者双眼中视力较好眼的残余近视力选择放大倍率。

图 6-2-4 手持放大镜

(3)屈光不正的患者应戴上矫正眼镜。

2. 注意事项

(1)焦度越大,视野越小,无法实现双眼视觉。

(2)工作距离可变,适用于小视野患眼。

(3)眼位头位可变,适用于旁中心注视的患眼。

(4)需单手操作。

3. 适配流程　见图 6-2-5。

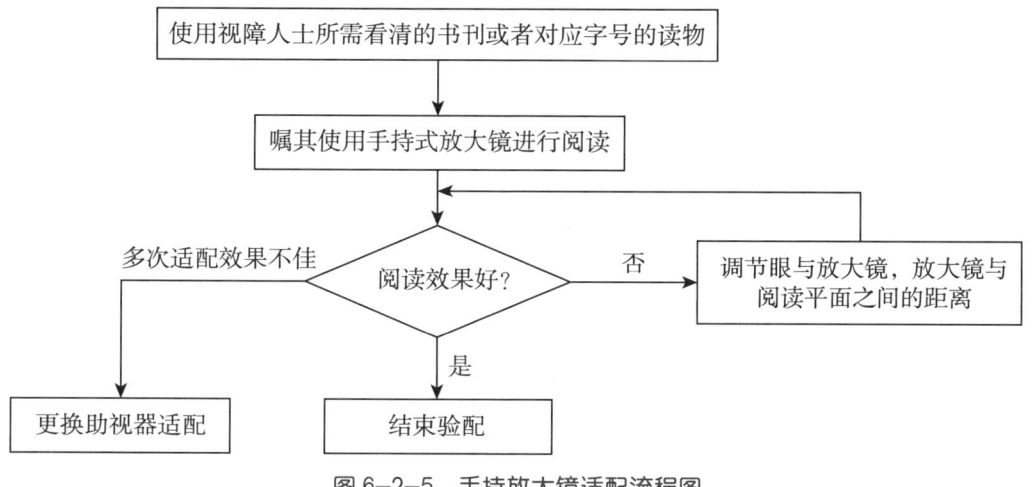

图 6-2-5　手持放大镜适配流程图

三、镇纸式放大镜

镇纸式放大镜不受双眼融像的限制,还可改善视障人士近用阅读能力。

1. 适配

(1)常规的眼科检查,主客观屈光检查获得最佳矫正视力。

(2)使用患者所需看清的书刊或者对应字号的读物,让患者使用镇纸式放大镜进行阅读。

2. 注意事项

(1)使用时直接将镇纸式放大镜的凹面平放于阅读物上,不可拿起使用。

(2)镇纸式放大镜放大倍率为 3~4 倍,视力低于 0.05 的视障人士使用效果不佳。

3. 适配流程　见图 6-2-6。

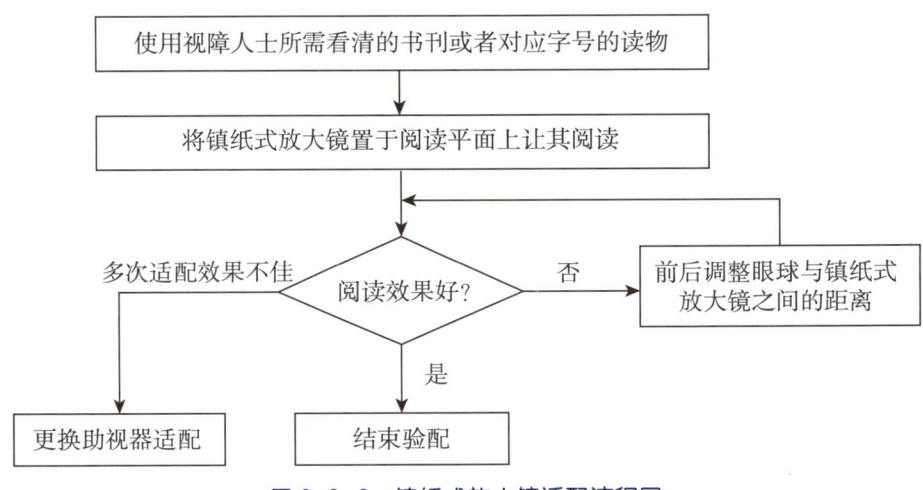

图 6-2-6 镇纸式放大镜适配流程图

四、胸挂式助视器

利用挂绳调节眼睛、镜片、被观察物三者的距离，以获得清晰图像。

1. 适配

（1）在常规的眼科检查和视功能检查的基础上测试视障人士屈光处方和近视力。

（2）嘱视障人士将挂绳套在脖子上，支架抵在胸前定位，利用挂绳调节镜片与被观察物二者之间的距离，获得清晰图像时停止。

2. 注意事项

（1）要求视障人士身体平稳。

（2）要求较强照明度的视障人士，可打开照明盒上 LED 灯照明。

3. 适配流程 见图 6-2-7。

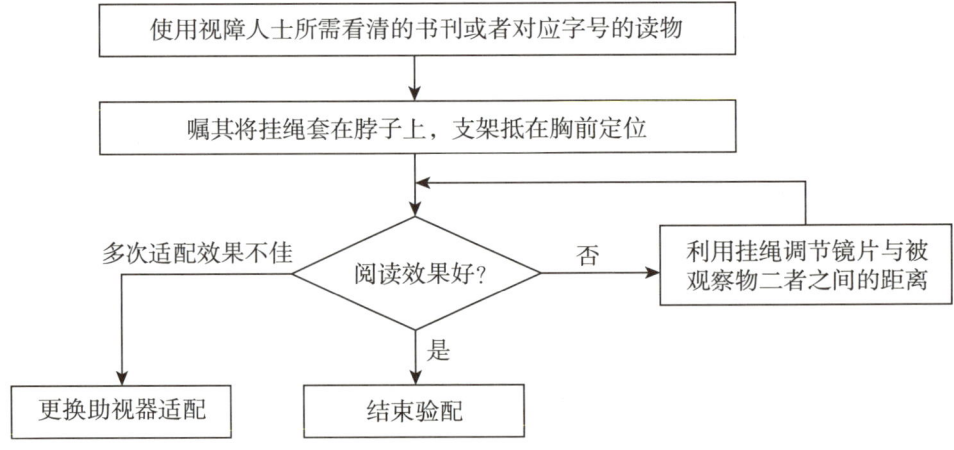

图 6-2-7 胸挂式放大镜适配流程图

五、中远距离眼镜式助视器

眼镜式设计使配戴者拥有双眼视觉，提高视障人士中远距离的视力，如下图。

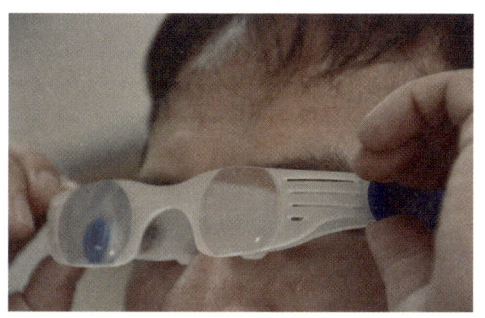

图 6-2-8　中远距离眼镜式助视器

1. 适配

（1）常规的眼科检查，主客观屈光检查获得最佳矫正视力。

（2）调整方法：

①为患者带上中远距离眼镜式助视器，调整时先右后左，一眼一眼调。

②遮住患者左眼，让患者注视视力表上最好视力上一行，在右太阳穴位置有调节齿轮，可不断改变两片镜片之间的距离，叮嘱患者在最清晰的时候报告，该位置为调节终点。

③遮住患者右眼，让患者注视视力表上最好视力上一行，在左太阳穴位置有调节齿轮，可不断改变两片镜片之间的距离，叮嘱患者在最清晰的时候报告，该位置为调节终点。

④调整结束后，检查戴镜后视力。

2. 注意事项　中远距离眼镜式助视器的放大倍率为 2.1 倍，视力低于 0.1 的视障人士使用效果不佳。

3. 适配流程

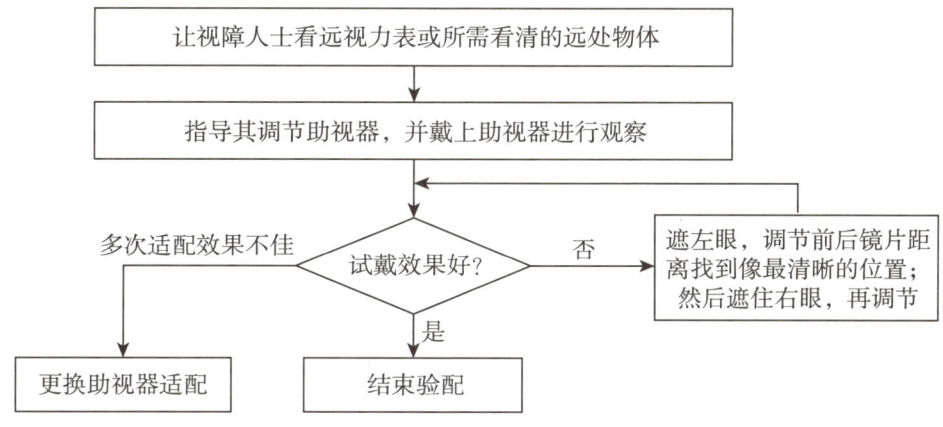

图 6-2-9　中远距离眼镜式助视器适配流程图

六、望远镜

通常将低视力眼能看清 0.4 视标作为远视力康复的最低标准,通过远用助视器的适配来达到康复标准或根据需求适当增减,常用倍数有 4 倍、6 倍、8 倍等。

1. 适配

(1)常规的眼科检查,主客观屈光检查获得最佳矫正视力。

(2)根据双眼中视力较好眼的残余视力选择望远镜倍率。

(3)当患眼有屈光不正时,可用以下方案矫正:

①球镜 ≤ ±5.00D,散光 ≤ ±1.00D,可采用望远镜式助视器通过调焦可矫正屈光不正。

②球镜 ±5.00D~±10.00D,散光 ±1.00D~±3.00D,可采用目镜后加眼镜矫正远视力。

③球镜 ≥ ±10.00D,散光 ≥ ±3.00D,可采用望远镜配戴物镜帽。

(4)选择较低倍率的望远镜式助视器,嘱患者体会不同倍率、不同焦距获得的视力和视野的变化,根据患者意愿选择合适的规格。且要注意不可用单筒望远镜观察太阳,不可在行走时使用。使用前需停下脚步,最好能背靠安全的事物(墙壁、树干等)。注意保持镜头的清洁,不用手指或硬物接触镜头。建议使用挂绳,避免摔坏。

2. 注意事项 应以看清 0.4 视标为起点,逐渐降低放大倍率,使用者在清晰度和视野范围间找到相对理想的平衡点,在可改善患者行动能力的前提下,尽量减少助视器倍率。

3. 适配流程

(1)进行常规配前检查。

(2)进行主客观屈光检查和最佳远视力测定,可适当参考患者原戴眼镜的屈光处方,根据患者双眼中视力较好眼的残余远视力选择远用望远镜的倍率;残余远视力 > 0.1 选择试戴双目远用望远镜;残余远视力 < 0.1 选择试戴单目远用望远镜,见图 6-2-10。

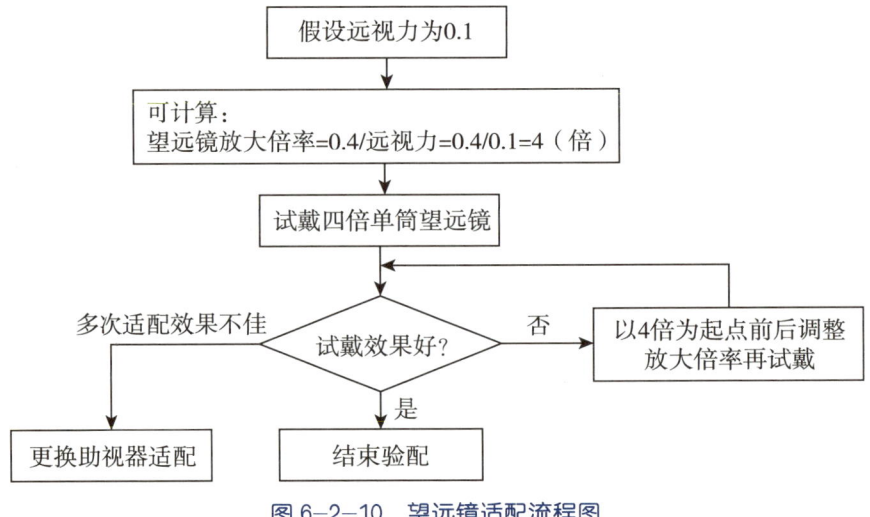

图 6-2-10 望远镜适配流程图

4. **远视力矫正效果评价** 远用望远镜助视器多数能成功地提高远视力。原视力 0.03~0.05 矫正后 50% 以上可达到 0.4 以上；原视力 0.06~0.09 矫正后 60% 以上可达到 0.4 以上；原视力 > 0.1 矫正后 70% 以上可达到 0.4 以上。

5. **注意事项** 尽量降低远用望远镜的倍率，并非一定要将矫正视力提高到 0.4 以上，尤其是残余视力 < 0.1 的患眼，只须将远视力适度提高到患者满意即可（因为倍率越高，视野越小，反而限制了患者的生活行动）。

若残余远视力 < 0.1 则望远镜的倍率过高，矫正后视野过小。双眼同时视时，需被迫多次调整头位追踪注视目标，可考虑选配远用单目望远镜，通过改变单目望远镜的指向角度来追踪注视目标。

望远镜的镜筒长度是根据物镜和目镜的曲率半径设计，随意伸缩镜筒的长度必然影响望远镜的视像质量，故 ≥ ±5.00D 建议采用目镜后眼镜或物镜帽进行矫正。

七、手持电子助视器

放大倍率调节范围大，可改变对比度，适合不同低视力视障人士。近用光学助视器使用效果不佳者使用电子助视器可以达到很好的效果，屏幕显示的文字和图像无相差，视觉效果更好，如图 6-2-11。

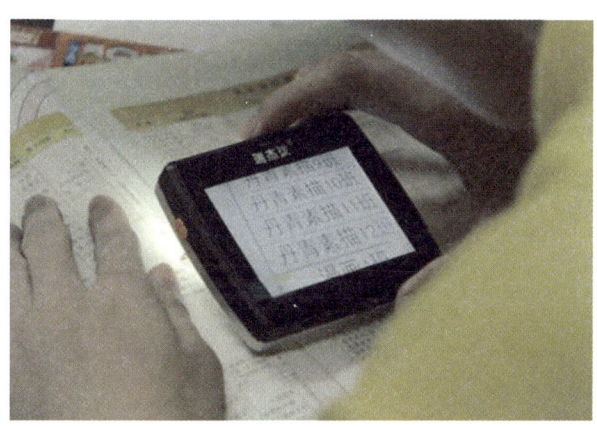

图 6-2-11 手持电子助视器

1. **适配**

（1）了解视障人士的病史，进行眼科检查，主客观屈光检查获得最佳矫正视力。

（2）熟练掌握电子助视器的使用方法。

（3）使用视障人士所需看清的书刊或者对应字号的读物，指导其使用手持电子助视器进行阅读。

2. **注意事项**

（1）手持电子助视器有多种尺寸，常用的有屏幕为 3.5 寸和 4.3 寸两种规格的电子助视器,根据需求适配。

(2)患有不同眼病的视障人士在不同的颜色显示模式下使用电子助视器的效果各有不同,适配时要指导其找到最适合自己的颜色模式。

3. 适配流程

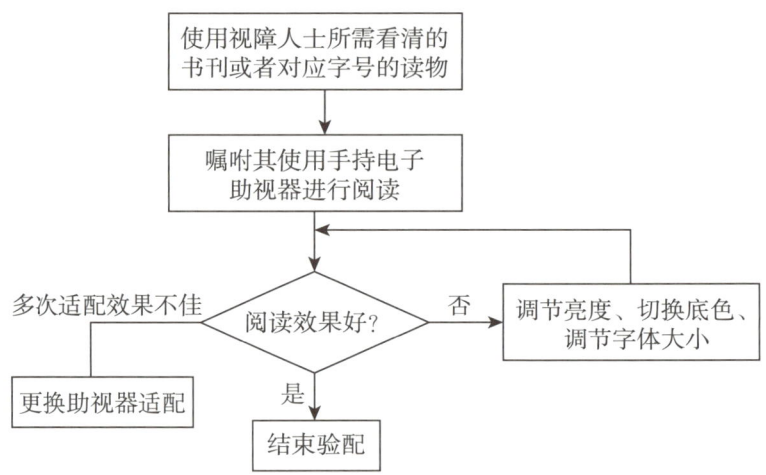

图 6-2-12 手持电子助视器适配流程图

八、台式电子助视器

放大倍率调节范围大,可变化底色,适合不同低视力。光学助视器使用效果不佳者使用电子助视器可以达到很好的效果,屏幕显示的文字和图像无相差,视觉效果更好。通过旋转摄像头实现远近切换,为视障人士提供清晰、直观、便捷的视觉感受,如图 6-2-13。

图 6-2-13 台式电子助视器

1. 适配

(1)了解视障人士的病史,进行眼科检查及主客观屈光检查以获得其最佳矫正视力。

(2）熟练掌握电子助视器的使用方法。

(3）使用视障人士所需看清对应字号的读物和远处物体为目标物，指导其使用台式电子助视器搜索并注视目标物。

2. 注意事项 患有不同眼病的视障人士在不同的颜色显示模式下使用电子助视器的效果各有不同，适配时要指导视障人士找到最适合自己的颜色模式。

3. 适配流程

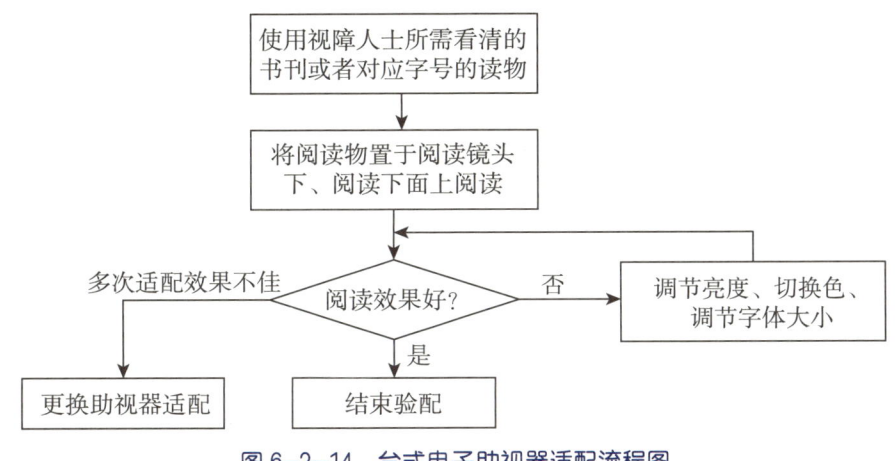

图 6-2-14 台式电子助视器适配流程图

九、滤光镜

滤光镜可有效阻挡有害光线进入眼睛，提高对比敏感度，保护眼睛免受蓝光、紫光和紫外线等有害光线的辐射及干扰。不同颜色的滤光镜可以选择性滤过不同波长的有害光线，可以满足不同年龄、不同病因的视障人士的需求。应根据视障人士的头面部尺寸选择合适大小的镜架，常用尺寸有加大号、大号、中号、小号和加小号等规格。

1. 适配

（1）常规的眼科检查，主客观屈光检查获得最佳矫正视力。

（2）常规的眼科检查，明确视障人士患有哪些眼病。

（3）当患眼有屈光不正时，可先配戴矫正眼镜后再外加滤光镜。

（4）根据患者的不同情况，个性化适配滤光镜：

①黄色滤光镜可有效改善眩光。

②青光眼、白内障、糖尿病等视障人士，使用红色滤光镜有望改善中、低空间频率的对比敏感度。

图 6-2-15 滤光镜

③视网膜色素变性、白化病等视障人士，使用浅青色滤光镜有望改善中、高空间频率的对比敏感度。

2. **注意事项** 适配时要为视障人士选择大小合适的滤光镜，当其戴上滤光镜后效果较差时，可再使用其他种类的滤光镜。

3. **适配流程**

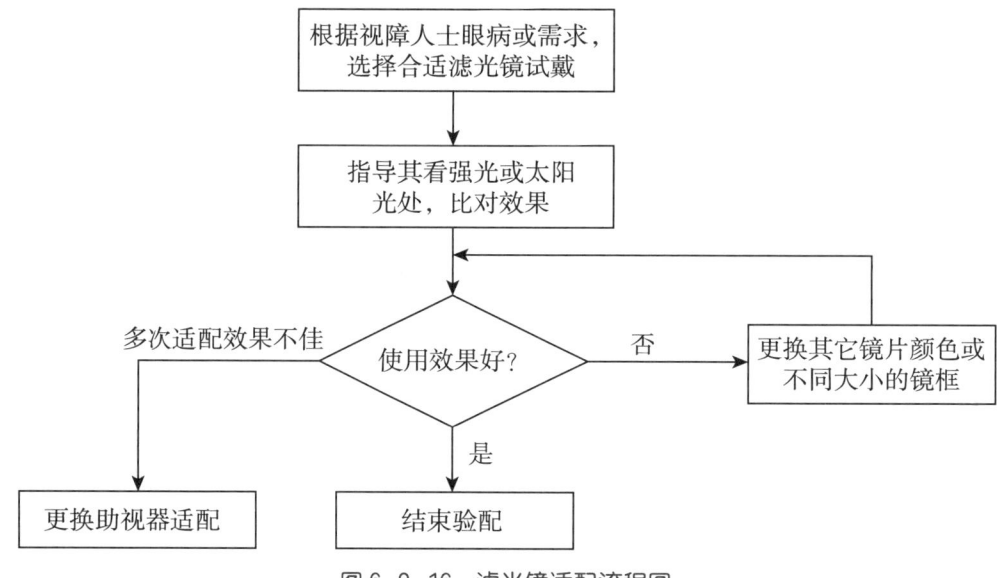

图 6-2-16 滤光镜适配流程图

十、听书机

听书机是一种可以存储大量音乐，文章以及资料，并能够加以播放的有声电子产品，同时还带有收音机，能为视障人士提供部分生活娱乐。

1. **适配**

（1）熟练掌握听书机的使用方法。

（2）了解视障人士是否有相关需求。

（3）指导视障人士使用听书机。

2. **注意事项**

（1）验配要将听书机的有声阅读速度调节至适合患者的语速。

（2）视力低至无法分辨听书机按键者，应指导其记忆快捷键的准确位置。

图 6-2-17- 听书机

3. 适配流程

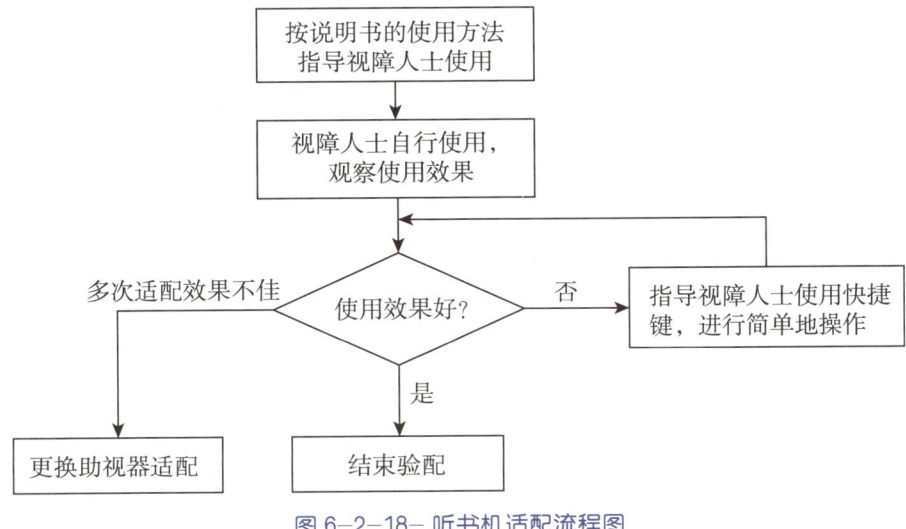

图 6-2-18 听书机适配流程图

十一、语音寻物器

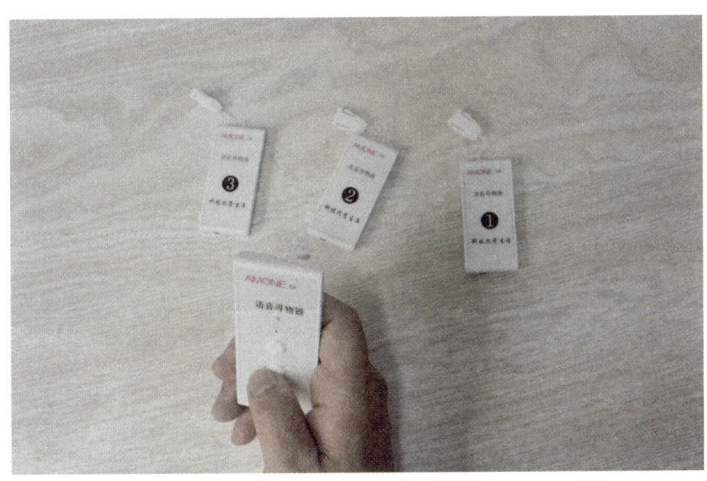

图 6-2-19 语音寻物器

1. 适配

(1) 在常规的眼科检查和视功能检查的基础上测试视障人士屈光处方和近视力。

(2) 依据需求给予适配。

(3) 熟练掌握语音寻物器的使用方法。

2. 注意事项　遥控终端与语音标签之间有效识别距离不低于 14m。

3. 适配流程

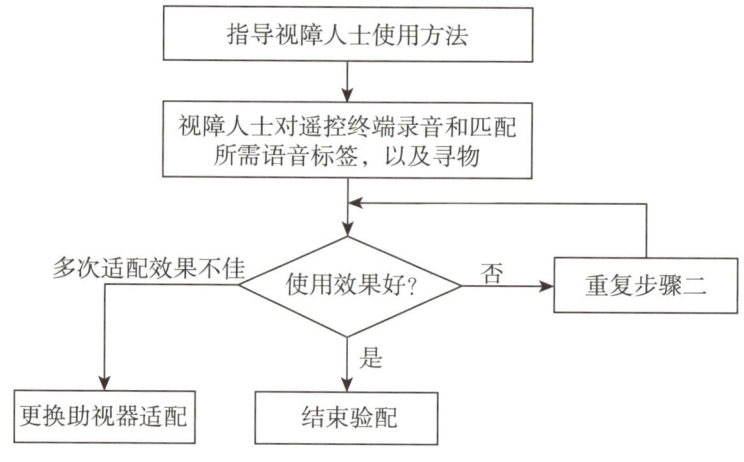

图 6-2-20　语音寻物器适配流程图

十二、盲杖

替代视物，使视障人士能了解自身周围地面的情况，如图 6-2-21。

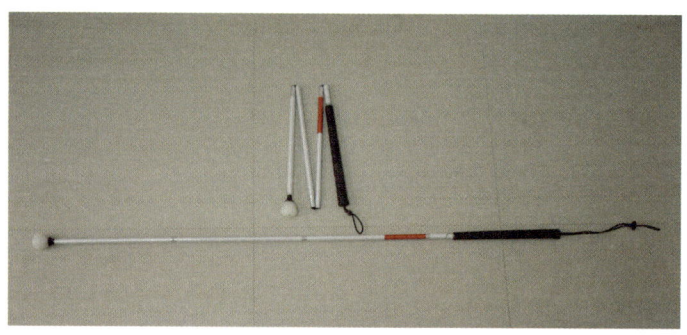

图 6-2-21　盲杖

1. 适配

（1）在常规的眼科检查和视功能检查的基础上测试视障人士屈光处方和近视力。

（2）最佳矫正视力较差且有盲杖需求者给予适配。

2. 注意事项

（1）需熟练盲杖的使用技巧。

（2）长度要适合视障人士的身高、步幅、肩宽及对障碍物的反应时间。

（3）盲杖属性（质地、传导性、耐久性、重量）要好。

3. 适配流程

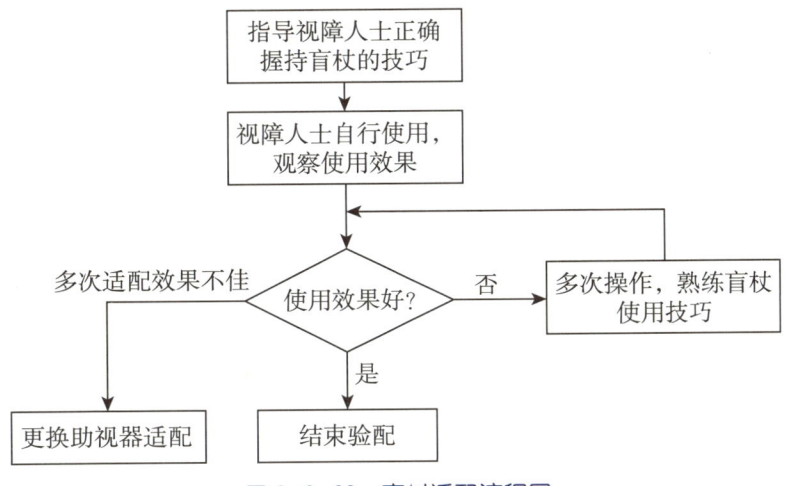

图 6-2-22 盲杖适配流程图

思考题

1. 如何为视障人士进行个性化适配？
2. 各种视障辅具适配的异同点是什么？
3. 实际验配时还要考虑哪些因素？

第七章

视障辅具使用训练

>>> **本章要求**

1. 掌握各种光学助视器与非光学助视器的使用训练区别。
2. 熟悉视障辅具使用训练的注意事项。
3. 熟悉视障辅具下阅读训练。

随着我国社会的发展,视力障碍主要的致残因素在比例和数量上都有很大的变化。近年来,随着人们对低视力及视障辅具的逐步认识和提高,国家救助力度逐年加大,为视障人士提供更加规范、优质、高效、个性化的康复服务是残联面临的重要课题。

当前,世界各国在视障辅具研发方面取得了比较大的进展,对于每一个视障人士都应当根据个人情况选择合适的助视器和适合的康复训练计划,以帮助视障人士通过使用视障辅具,进行视觉康复训练,以获得更好的功能性视力。

第一节 视障辅具使用训练须知

越来越多视障人士通过自己的视障辅具获得信息资讯和核心机能。视障辅具的使用训练是在视觉康复技术基础上建立的视障医学康复体系的重要组成部分。视障辅具使用训练时,利用视障人士的视觉基本能力,充分发挥有效视力,在提升其功能性视力基础上,结合固视、注视、视觉追踪、视觉搜寻等项视觉基本技能训练开展。由于视力障碍,视障人士往往不能够自然获得视觉技能,必须通过结合视障辅具训练才能获得。

1. 视障辅具使用者必备知识

(1)如何正确握持或操控视障辅具,例如手持、挂式或电子助视器的使用方法。

(2)如何运用视障辅具进行定位、扫视、追踪、搜寻等用眼的技巧和实际运用。

(3)如何使用视障辅具进行辅助阅读和参与日常生活活动。

(4)如何正确选择适合的视障辅具完成任务,即不同视障辅具适用于不同环境下的特定任务,选择适合的视障辅具有助于提高视觉效率,提升功能性视力。

（5）如何正确清洁和保养视障辅具。

2. 视障辅具使用训练指导者须知

（1）了解视障人士已掌握的视障辅具使用技能。

（2）讲解、演示后让视障人士实操练习。

（3）使用通俗易懂的语言。

（4）鼓励视障人士互教互学。

（5）运用良好的共同沟通技巧。

（6）善于鼓励视障人士在日常生活、学习中尽可能多地使用视障辅具。

3. 视障辅具使用训练的注意事项 视障人士如何使用视障辅具，这是在视障康复中的一个非常复杂和重要的问题。以普通人验光配镜不一样，视障人士适配视障辅具需要学习的过程。在这个过程中，必须经常鼓励视障人士学会坚持。视障人士在使用远用或近用助视器也常遇到的一些问题及其解决方法。对于每一个视障人士，都应适配适合本人视障辅具并制定相应的视障辅具使用训练计划。视障人士的视障辅具的使用需要一定阶段的训练，特别是远近两用电子助视器的日益广泛使用，具有广泛的应用前景。电子助视器（closed-circuit television, CCTV）的使用容易产生眩晕、眼疲劳、寻找行首困难等问题，需要训练和适应。验配任何视障辅具后，不仅应该跟踪观察使用的情况（使用频率和使用的舒适度和有效性），还应及时督促和调整不适应的情况，及时指导和训练。大部分情况下使用视障辅具需要一个训练和适应的过程，刚开始用的时候很容易疲劳，等眼睛适应和使用熟练后会有所缓解。

因此，指导者在根据视障人士自身的视觉条件制订计划之前，首先必须掌握基本情况。

（1）首次训练前，指导者最好先向视障人士介绍自己，使视障人士放松，创造一种友好轻松的气氛。了解患者的视力、视野、色觉及对比敏感度等视功能情况。

（2）了解视障人士需要使用视障辅具的主要目的和要求；了解远、近用助视器的光学原理、优缺点、临床应用及特殊功能等。

（3）不必要求每个视障人士都参与每项训练活动，应根据他们的实际视功能评估结果和需求安排训练活动。

（4）训练应遵循先易后难的原则，采用先静态后动态的训练目标。必要时助视器倍数从小到大，即有些可能需要高倍数助视器的视障人士，训练开始阶段先给与低倍数的助视器。作为入门训练，视障人士应该掌握基本的视觉技能，如固视、扫描、追踪、跟踪。

（5）训练时间从短到长。训练初期，训练时间要短些，以防止患者产生视力或身体疲劳，心理抵触而影响训练效果。中途休息时，可以让患者了解视障辅具的用途及一些特殊功能，避免出现厌烦心理；当患者逐步掌握熟练了，再延长训练时间。

（6）训练活动应先在便于掌控的室内开展然后再移到室外。训练房应干净、简单，面积宽敞，阳光充足，必要时可以利用人工照明。房间墙壁颜色要浅一些，地面颜色深一些以改善环境颜色对比度；墙壁上的图片或目标色彩要明显，使患者裸眼看它们时能看到大概情况，但要想看清必须配合使用视障辅具；室内必须备有桌椅，使患者在训练时可以利用桌椅作支撑。室外训练时，应充分考虑其他因素如照明、眩光、背景对比度对训练活动和效果的影响。

（7）根据视障人士制定个性化的训练计划。训练过程中，指导者应随时询问视障人士使用视障辅具时遇到的困难，并及时帮助视障人士解决，以及随时记录下视障人士的进步之处。必要时进行训练计划的修改。视障人士若用眼去固定一个目标有困难，指导者应提供非视觉性装置（如音响等）来辅助视障人士完成训练或让利用视障人士自身的听力或触觉等视力以外的感官来补偿。

在低视力门诊进行初步训练后，建议视障人士再回到家中或学校中进一步训练，此时指导者应该与视障人士家属及相关教师共同讨论视障人士的家庭训练方案，并共同建设一个适合视障人士的训练的场所。

第二节　光学助视器的使用训练

在选择和使用光学助视器之前，首先需要了解各种助视器的主要部件和优缺点（详见助视器简介）。无论是光学助视器还是非光学助视器，按其功能可以分为近用和远用。视障人士进行训练时，一般根据其康复需求及任务，选择不同功能的助视器进行训练。

近用的光学助视器的技能训练主要包括固视、定位、调焦、扫视、追踪；远用的光学助视器的技能训练主要包括固视、定位、调焦、扫描、跟踪、追踪。其中追踪是人追随运动的物体而移动眼球，跟踪是用视觉追随静止物体。

一、近用光学助视器的使用技巧

（一）眼镜式助视器

视障人士戴上眼镜，双手持阅读材料，正常坐姿就坐。眼镜式助视器有近用和中远距离用等多种类型，使用方法均相同，如图7-2-1。

1. **寻找焦距**　视障人士缓慢将书向眼部移动，然后逐渐移远，直到文字聚焦清晰，看清材料。寻找到适宜的阅读距离。

2. **移动阅读材料** 视障人士保持固定的头位和眼位，从左至右移动阅读材料开始。动作缓慢、稳定，保持相同的阅读距离。

3. **摸索阅读技巧** 当阅读一行文字后，视障人士将阅读材料移动至左侧，如稍微上移材料，可使阅读下一行时最佳视角高度保持不变。阅读从单个字母开始，到2个，3个字母，单句，小段文章到整页。记录每次练习的阅读速度以便评估训练效果。

视障人士戴上眼镜式助视器可以采取移动阅读材料的方式进行阅读，但有的视障人士仍习惯移动头位和眼位，容易引起颈椎病和视疲劳。

（二）手持光学放大镜

视障人士先将放大镜平行放置于阅读材料的页面顶部或阅读段落开始处，慢慢将放大镜向眼部移动直至文字聚焦清晰；随后可以使用阅读架，调整阅读材料的远近以保证头部舒适体位及最佳阅读姿势；阅读时，从左至右缓慢移动放大镜进行逐行阅读，避免跳行、漏词等现象的发生，如图7-2-2。

刚开始训练时，可以从标签、食物包装盒、药瓶、邮件的单个字母开始，进展到2个、3个、简短句子、小段文章。每次练习的进展绘成图表以便评估训练效果。此外，还应注意根据阅读需要而开具适当倍率的放大镜和根据需求以及阅读环境改变照明。

图7-2-1 使用近用眼镜式助视器阅读视力表

图7-2-2 使用手持放大镜阅读视力表

（三）胸挂式放大镜

视障人士戴上胸挂式放大镜，双手持目标物，正常坐姿就坐，然后慢慢将书向放大镜移动直至看清目标；可以移动阅读材料进行定位、搜寻、扫描等技巧，如图7-2-3。

（四）镇纸式放大镜

视障人士将放大镜（底座朝下）平行放置于阅读材料上，并建议在阅读架上进行，多在材料页面顶部或是阅读段落开始。视障人士将头靠近放大镜以获得清晰图像和最大视野，并从左至右缓慢移动放大镜进行阅读。一行阅读结束后，水平移动放大镜至该行行首。向下移动一行，开始阅读新的内容。可用手指帮助定位新的阅读行。特别适合视障青少年学生的使用。刚开始使用时，学生在页面的左边缘画一条绿色的竖线，右边缘画一条红色的竖线，以提醒哪儿是开始，哪儿是结束，如图7-2-4。

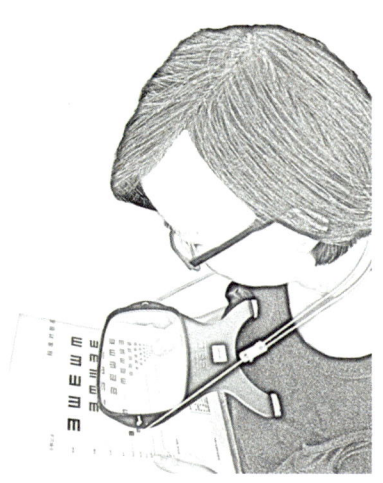

图7-2-3　使用胸挂式助视器阅读视力表

图7-2-4　使用镇纸式放大镜阅读视力表

（五）对近用助视器使用者的建议

视障人士进行近距离阅读时，需要使用近用助视器来放大图像看清印刷物品；也需要有足够大的视野，以保证阅读速度和阅读的连贯性；还需要有舒适的阅读体位，以减轻疲劳和不适感。因此指导者应对视障人士使用近用助视器建议：

（1）为了同时满足放大图像和较大视野的要求，视障人士可将手持放大镜尽量靠近眼睛。然而这样做可能会造成周边视野变形，使患者因易于疲劳而不愿使用助视器。

（2）使用手持放大镜时，视障人士应用肘部支撑前臂，并用阅读架和书桌将书报支撑起来，保持眼与书本的适宜阅读距离。

（3）当阅读材料与助视器之间距离变短时，建议视障人士以手持放大镜进行阅读，手可靠在桌上，以便固定矫正距离。

二、远用光学助视器的使用技巧

以手持单筒望远镜为例。

（一）熟悉手持式单筒望远镜的使用和保养

1. 检查单筒望远镜　解释说明单筒望远镜的功效和视野。检查单筒望远镜部件，如物镜、目镜、调节部件等，如图7-2-5。

2. 展示如何正确握持望远镜

（1）双手握持望远镜时，以肘部做支点固定放在桌上，这样可以避免手臂长期举起而产生的疲劳。优势眼同侧手握持望远镜，五指靠紧目镜胶片边缘，握紧镜身，之后将食指和大拇指同时翘起成直角，并使其紧靠在眼眶外周，防止晃动，也使视野更大一些。另一手紧握镜身，靠近物镜端。使用时，可以将带子挂在手腕上或胸前。

（2）单手握持望远镜时，一手握持望远镜，另一手作支撑托住持镜手的前臂来保持平衡，以使望远镜稳定不动。食指与拇指置于目镜边缘，其余三指握紧镜身，通过食指与拇指旋转目镜进行调焦，如图7-2-6。

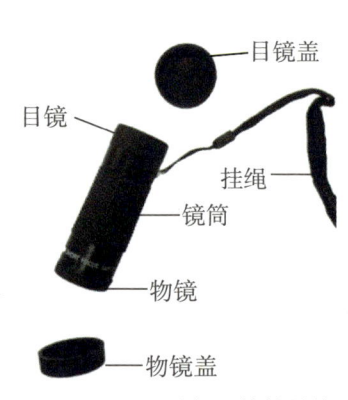

图7-2-5 单筒望远镜的结构

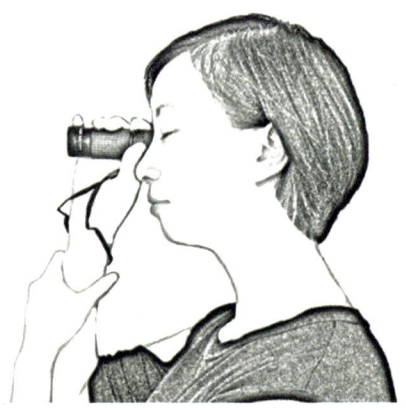

图7-2-6 单手握持单筒望远镜

3. 明确单筒望远镜使用目的

（1）对单筒望远镜的了解（各部件名称及功用）及其如何调焦。

（2）理解和使用固视、定位、调焦、扫描、跟踪、追踪等视觉技能。

（3）辨别认识远处物体和标识。

4. 正确清洁单筒望远镜　使用软布，如使用玻璃清洁剂，用布擦拭镜头。远离液体，某些液体会缩短望远镜的使用寿命；正确存放、安置望远镜：了解用包装盒存放望远镜的重要性以及望远镜易损毁部件。

（1）检查包装盒以及学习如何打包存放。

（2）外出时，尽量用挂带将望远镜挂在胸前或手腕上，这样既可以避免摔坏望远镜，又方便需要时候拿起来。在不需要使用时，盖好物镜帽并放回包装盒。

（3）不要把望远镜当玩具玩耍。

（4）尽量避免以手指擦拭/接触镜片。

5. 单筒望远镜的选择　根据不同视觉任务活动选择不同倍数的单筒望远镜，如视野范围较大时可选择低倍单筒望远镜；如识别远方的较小标识则选择高倍数的单筒望远镜。

（二）定位

1. 选择观察的最佳位置 明确是否需要控制照明。帮助视障人士明确独立操作望远镜的最佳安全位置，切忌边走边看。

2. 帮助视障人士确定优势眼 部分视障人士可能会自觉使用优势眼进行观察，但是部分视障人士可能不会。因此，在正式的定位训练之前，帮助视障人士明确自己的优势眼，鼓励其尽量使用优势眼进行训练。

3. 用单筒望远镜定位物体 指导视障人士用裸眼在距离目标物约 3~5 米（10~20 英尺）地方观察目标物体，要求视障人士简单描述该物体，以确定他们掌握定位技能。如果视障人士没有掌握该技能，则需要对其进行裸眼简单定位训练。当视障人士完全掌握以后，再由低倍率望远镜开始，逐步转向高倍率望远镜训练。

单筒望远镜定位的训练步骤：首先指导者应与视障人士站在距离目标物相同距离的位置进行指导，让视障人士在保持初步定位的情况下，将望远镜靠近观察目标位置；再者根据其能力，可以采取站姿或是坐姿进行缓慢搜寻、定位目标物；然后让视障人士描述目标物，以确定他们的观察对象正确无误；最后让视障人士比较有/无使用望远镜时目标物的清晰度。

（三）调焦

1. 调焦前准备 首先让视障人士了解何为清晰、何为模糊的影像，然后让视障人士利用望远镜能对准及发现目标，最后使目标与眼成一条线。

2. 远处固定物体调焦 正确握持望远镜，慢慢转动镜筒至最长，再慢慢调至最短，体会由模糊到清晰的过程。解释焦距及景深的概念，慢慢转动镜筒，让视障人士找到最清晰的图像。

3. 变换距离物体调焦 放置两个物体，两物体至少相距 3 米远。要求视障人士调焦观察距离较远的物体，然后再调焦观察距离较近的物体，以此来训练视障人士针对不同距离目标物的调焦能力。

（四）扫描、搜寻

1. 扫描前准备训练（裸眼训练）

（1）在白/黑板上演示扫描顺序及图形。视障人士应用直线、重叠、一行一行扫描的方法来覆盖扫描的区域，而不是快速、无规则、无规律地扫描。演示图形应标有序号。扫描时，先进行水平训练再垂直训练，如图 7-2-7。

（2）当视障人士掌握扫描方法后，擦除部分演示图形线条使之成为一个虚线图，让视障人士辨识是何图形，如图 7-2-8。

说明：擦除图形线条时，应注意每次擦除的线条间隔加长，线变短。重复这一步骤，直至线条完全消失，只剩下序号。

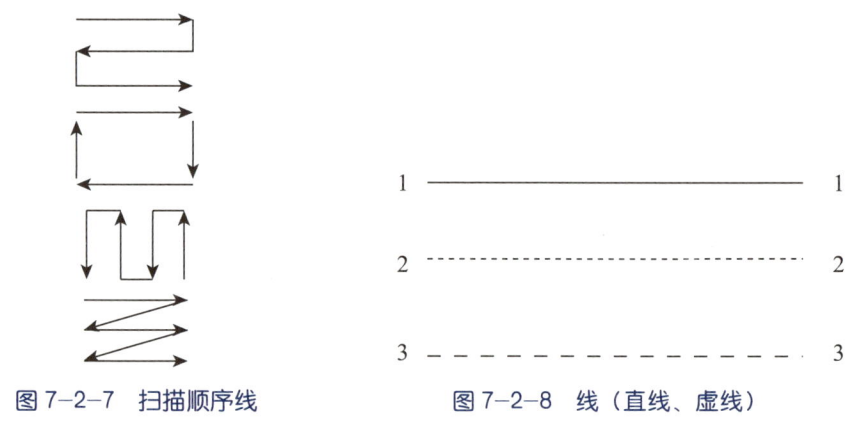

图 7-2-7　扫描顺序线　　　　　　图 7-2-8　线（直线、虚线）

（3）随意标注序号，让视障人士通过扫描将序号连成相应的图形，如图 7-2-9。

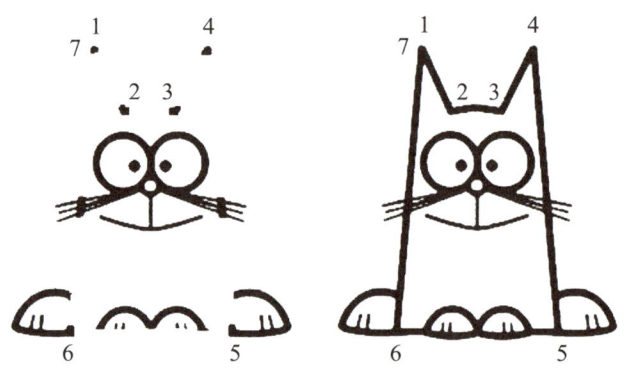

图 7-2-9　图形

2. 扫描、搜寻训练（单筒望远镜为例）

（1）用望远镜进行扫描训练，步骤同裸眼训练。通过更改线条粗细，调整视障人士与目标物的距离并重复这一训练，直至其完全掌握扫描技巧。

（2）当视障人士掌握室内（人、电视、白板上的字）扫描技巧之后，再进行室外（房屋、交通灯、门牌号、商店名等）扫描、搜寻训练。设置视障人士感兴趣的真实训练目标，训练时要注意根据实际需求调焦。

（3）观察物体细微运动时，根据需要选择不同倍率的望远镜。使用大字印刷品做训练教具时，尽可能简单，遵循从易到难的原则开展训练。训练时要有耐心，不要急于求成，适当放慢节奏尽可能让视障人士获得成功体验。对老年人开展训练时可根据需求适当增加课时数，缩短每次训练时长以避免疲劳。

（五）跟踪

跟踪作为一种较为复杂的视觉技巧，是用视觉来追踪静止的物体。跟踪训练注重在于看的过程，需要仔细观察每一个细节；而视觉搜寻训练则在于搜寻目标，除注视目标外，其他的细节均可以被忽视。根据不同的任务需求，又分为初级跟踪和高级跟踪。

1. **初级跟踪** 将两个目标物相隔1.5m放置。让视障人士裸眼定位目标物1，再用望远镜定位；裸眼定位目标物2，再用望远镜定位。训练时，可用彩色不透明的胶带（对比度高的线/带等）连接两个目标物，要求视障人士跟踪目标物1至目标物2。

2. **高级跟踪** 在黑板上或写字板上画一条彩色的曲线图，从起点到终点标上数字或字母，如图7-2-10。望远镜定位起点，调好焦距，沿着每条线找到并顺序说出上面的数字或字母，训练者在旁观察指导，检查是否正确。根据视障人士情况，图上的线也可画成虚线，字母数字可大可小。跟踪线条可为一条或者多条。

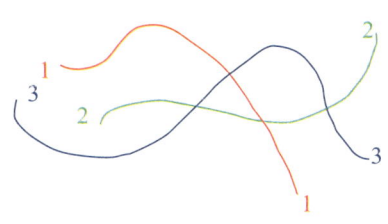

图7-2-10 线（彩色曲线）

（六）追踪

追踪同样作为一种较为复杂的视觉技巧，是能随着移动的物体而移动眼球来注视。追踪也可以根据不同任务需求分为室内追踪和室外追踪。

1. **室内追踪** 将两个目标物相隔1.5m放置。让视障人士分别用裸眼注视定位两个目标物，再分别用望远镜定位。指导者将目标物缓慢移动，要求视障人士使用望远镜跟随目标物的运动轨迹。随后并加快移动速度，改变移动方向，开展复杂的追踪训练。

2. **室外追踪** 视障人士定位3~5m远的静止目标物，并追踪移动的目标物。
定位目标物（移动），追踪移动。

训练过程中，如果视障人士失去追踪的目标物，需再次开始先前的训练。训练时应注意从头部跟随的目标物移动到头部保持不动，由眼来跟踪目标物。

第三节 电子助视器使用训练

电子助视器是指利用摄像获得影像并经数码处理给予放大，以帮助视障人士清晰阅读的一种辅助医疗器械。电子助视器相对于光学助视器而言，具有可调节到较大倍率，可调对比度，阅读距离舒适的优点。

一、台式电子助视器

1. 熟悉基本部件及功能和摆放 了解台式电子助视器（closed-circuit television, CCTV）基本部件和功能键的使用。CCTV 常包括摄像头及显示器，并有各种调节的按钮，可以变换放大倍率及颜色、对比敏感度等。CCTV 的摆放尽量不要靠窗，还要防止反射眩光。视障人士以舒服姿势坐于 CCTV 前，显示屏与最佳视角高度齐平或略低。放置 CCTV 的书桌可以略低于常用书桌以减少眩光。

2. CCTV 调试 训练初期，先单个字母或逐字开展训练。操控放大缩小键，调整目标物影像至最佳倍率。视野和倍率应该处于最佳比例，保证清晰的同时还不能放得过大，以免过窄的视野影响阅读速度和整体认知。另外还可以根据视障人士的喜好调节亮度、对比度和颜色。

如青光眼的视障人士由于视神经纤维层受损，需要变换背景为黑底白字予以觉得舒适清晰。使用 CCTV 的场合需要照明，正常情况下，照明亮度应在 500-1000Lux，但部分助视器带有阅读灯，不用过分考虑照明情况。

3. 阅读换行 先将阅读物平放在托板上，书的第一行和第一列与阅读托板的上边缘和左侧边缘平行对齐；接着将拖板拉至右下角，调整文本，字行的起始应处于屏幕图像的左边缘，阅读换行时先将拖板沿此行退回左端，然后再寻找下一行。移动阅读板台时要尽量保持平稳，速度不宜过快。为了帮助定位换行，如果经常阅读书籍的版面和纸边相同，可在拖板上加以标记或是借助增强对比度装置（如阅读裂口器）或使用遮盖字行等方法，以便换行时迅速找到起始位置。如果阅读内容不在视线范围内，需重新定焦调整。

4. 书写 固定书写纸（低视力专用纸或是粗格纸）在适合的位置。用另一手的拇指或食指定位要书写的起始位置。用非书写手调整摄像头使之始终在视线范围内。笔尖贴近纸面以固定焦点，并始终能显示在屏幕上。书写练习时不要写草书，尽量从简单的符号字母开始训练。视障人士书写时应看屏幕而非手。

二、电子助视器的使用技巧

1. 注视 年龄相关性黄斑变性的视障人士中心视力受损，注视需要避开中心盲点，需要进行训练后运用黄斑病变外有正常的视网膜可以作为优先视网膜最敏感区进行注视、阅读或工作。如在助视器下注视时，往往不能使用患者中心凹视力，注视目标恰好看不清楚或看不到。此时我们指导者应该向患者说明利用特定的头位及眼位来使用视网膜旁中心注视液晶屏。而台式助视器可以使用红外线指示器，除了帮助注视阅读功能外还能用于书写。红外线指示器会在屏幕的中央显示红色标记，使用者只需将笔头对准红色标记，书写状况将一览无遗，让视障人士很容易找到阅读材料注视的地方。

2. 定位 阅读时，找到每一页的开始处、文章的题目或图表等。使用定位技术，我们需要借助电子助视器上的定位窗口和定位线。定位窗口是在调整好放大倍数后确定屏幕一次显示字体或字数的范围，使屏幕上窗口以外的影像被遮盖，类似裂口阅读器。这样既可减少屏幕亮光对眼睛的刺眩感也可增强阅读的专注力。而定位线则是调整放大倍数后确定屏幕一行或一段显示字体或字数的范围，帮助视障人士易于聚焦阅读范围。定位线、定位窗口功能还可以分为水平和垂直两种形式。在查字典或查电话簿时，首先要在该页的顶端找到关键的字，也需定位技术。

3. 搜寻或扫描 搜寻或扫描技术可用电子助视器观察各种印刷品，如阅读书刊、报纸、查电话本上的名字等。患者的眼球可以不动注视电子显示屏上的某一处，部分电子助视器具备让书本沿着一定方向运动的功能，使字"进入"患者的注视区。但由于显示屏的大尺寸，使患者需要在显示屏上搜寻或扫描。而此时，调整亮度与对比度非常重要，有助于在显示屏上识别影像，提升阅读速度及舒适度。亮度控制屏幕显示的亮度而对比度控制屏幕黑白对比的关系。我们必须注意白与黑的对比会受到亮度的影响，调整时要控制好。此外，亮度的控制要注意如果是周边视野损伤的患者亮度宜低，过高的亮度会导致眩光的产生；而中心暗点等中心视力受损的患者则亮度宜高，亮度提高有助于优先视网膜视力的提高。只有适合的亮度和对比度，才能更好的搜寻和扫描。

4. 追踪 运用近用电子助视器在写字时，患者需追踪在纸上运动着的笔；或运用近视电子助视器进行精细工作训练，如织毛衣和剪指甲。近用电子助视器需要有良好的自动调焦功能。电子自动对焦是自动调整屏幕上呈现清晰的影像，可以有效帮助视障人士进行追踪训练。自动调焦时，机器需要一定的时间进行调整，因此用于平面追踪时较为方便。但较高配置的电子助视器在景深上有较好的性能，在观看立体对象时就可将物体的各个高低不同的表面清楚地显像。而看远的电子助视器使用时，则需要对视频头进行追踪，而十分重要的一点是目标与背景的对比要明显。让患者明白焦距或景深的含义，患者注视显示器的同时将视频头对准注视目标，进行扫描和注视。如目标离开焦点，即离眼很远或很近时，患者便无法看清此目标，就需要助视器的视频头进行追踪，以便在显示器上获得远处物体景象的转换。开始由指导者，以后由患者自己操作，使远处目标离开焦点，然后进行搜寻及追踪，然后再回到焦点，显示屏上的图像由模糊变为清晰，反复练习，让视障人士充分掌握电子助视器的使用特点，做到灵活使用。

如果患者使用助视器也难以保持追踪或注视能力，即应增大训练目标，设法增加对比度，或改变助视器的种类，或降低助视器的放大倍数。视障人士只有通过全面掌握远近两用电子助视器的性能后,才能更有效地进行视功能康复训练。

三、手持电子助视器

手持电子助视器又称便携式电子助视器、口袋式助视器,自带手柄或支架和小型显示屏及多种色彩显示模式,比手持光学放大镜放大倍率更高,而且可以变换背景和颜色,深受视障人士的喜欢。

1. **阅读** 将便携式电子助视器平行放置于阅读材料上,多在材料页面顶部或是阅读段落开始。根据需要调节亮度、对比度和颜色。

2. **阅读主要需要的视觉技能** 使用方法同手持光学放大镜及立式放大镜进行近距离的扫视和追视。

由于便携式电子助视器显示屏较小,需要视障人士用调节、集合进行注视,因而容易引起视疲劳。尽管现在市面上的电子助视器种类繁多,但大多具有拍照、储存功能,操作相应按钮即可完成放大。部分电子助视器具有自动定焦功能,可以用来阅读及书写。

第四节 非光学助视器使用训练

视障人士通过改善周围环境的状况来增强视功能的各种设备或装置,称为非光学性助视器或者视觉环境管理训练。它们可以单独应用,也可以与各种助视器联合应用。它适用于视觉技能和行为仍处在发展阶段的视障人士及刚刚遭受视力障碍的视障人士,主要的目的在于提高其功能性视力,提高行为能力。近年来,非光学性助视器训练或视觉环境管理训练逐渐受到低视力专家们的重视。

一、改善照明

1. **目的** 根据视障人士的病因、喜好等需求适当改变照明条件。良好的照明条件对于每一位视障人士来说都是非常重要的。

2. **改善照明的方法** 选择合适照明可以通过原则指导。视障人士低对比敏感度分值提示,在完成大多数工作时需要增加额外的照明和增强对比度。适当的照明有时可以减少阅读时所需要的放大倍数。通过光度调整器调节照明水平,以便适应个体的需要,也可以通过改变光源与物体之间的距离来调节亮度。放置定向性光源,防止纱罩样眩光,使其照到工作面而不直射到患者的面部。

此外,正常老年人对色差的识别能力减弱,对于色调较接近的色彩如红色和橙色,蓝色和绿色区分能力减弱，选用显色性较好的光源有利于老年人对室内色彩的正确分辨；老年视障人士往往比正常老年人需要更强一些的照明。不同个体对照明色彩的喜好也不同，年龄相关性黄斑变性的患者常常需要在很强的照明条件下，才能达到较好的视觉功能；视神经损伤的患者在柔和的照明条件才能形成较好的视觉能力。选用显色性较好的光源有利于对室内色彩的正确分辩。

二、增强对比度

1. **目的** 增强对比敏感度不仅可以改善阅读速度和写作能力，还可以极大地满足生活视功能的要求，提高视觉质量。例如用白色杯子喝咖啡，用暗色杯子喝牛奶，用暗色的盘子进食浅色的食物等来增加对比度，这些方法都可以带来生活上的方便。佩戴滤光镜即眩光眼镜，可屏蔽有害的阳光，滤除表面反光，增加对比度，协助佩戴者在不同照明光环境下的转换。

2. **增强对比度的方法** 增加光照度；选择高对比度的阅读材料；使用电子辅助显示装置；通过复印的方法将低对比度的材料转化为高对比度材料；应用电脑打印出增强对比的阅读材料等；配戴有色镜片，耐磨的黄色和橙色镜片可以改善并增加对比敏感度。

三、控制眩光

1. **目的** 眩光是由于视野内产生刺眼光亮感觉，即在视野中某一局部地方出现过高的亮度或前后发生过大的亮度变化，可能引起厌恶、不舒服甚至失明。控制眩光以保护眼睛，更舒适地用眼看物。

2. **控制眩光方法包括** 调整适宜的照明和光亮度，以避免眩光的干扰；佩戴滤光镜以屏蔽有害的阳光，滤除表面反光；增加对比度；预防室内眩光，例如用垂直窗帘遮住直射的日光，用台布盖住高度磨亮的桌面等。

四、放大目标物

1. **目的** 部分视障人士无法短时间学习使用其他较为先进的助视器，所以可以使用这类简单便捷的助视方法或者助视器看物。

2. **放大目标物的方法包括** 通过大字课本，大字报，通过相对大小的放大来补偿视力的缺损，但是相对视野会缩小，阅读连贯性较低；通过近移来放大成像，并不使用任何光学设备或助视器，是一种有效的、有弹性及省钱的放大方法，而且对成像质量无明显影响。

五、非光学的适应性装置

1. 目的　老年视障人士日常生活中的康复与非光学的适应性装置密不可分。以听觉、触觉等除视觉以外的其他感知觉补偿视觉缺陷。

2. 现代化高科技的非光学的适应性装置的方法　通过可发音的书、计算器、体重计等设备以听觉代偿视觉的不足；触觉代偿则可以通过靠触觉的阅读器，以机器的振动，通过手指来阅读。如 Google 公司推出的 Google 眼镜，带有网络无线上网、卫星定位系统、互联网搜寻及耳骨听觉传导系统等视觉信息摄入分析系统。在不久的将来，人工智能的引入将极大推动视力辅助技术的研发。

第五节　使用视障辅具的阅读训练

阅读是从文字和图片等视觉材料中获取信息的主动的过程，是由阅读者根据不同的目的加以调节控制的，陶冶人们的情操，提升自我修养。阅读是一种对文字的理解，领悟，吸收，鉴赏，评价和探究的思维过程。影响阅读理解的外部因素包括文字材料和情境的物理特点，如照明条件，文字的字体、型号等；文字材料的易读度，如字词的常用程度，句子的长短与结构的繁简，命题密度（即在一定长度的材料中出现的概念数）等；材料的概括与抽象的程度；由外部确定的阅读目的等等。学人类摄取信息和学不能使用患者中心凹视力，因为中心盲点的存在，而阅读涉及到眼科学、视光学、脑科学、教育学、心理学等多学科的融合。

阅读是人类摄取信息和学习新事物的重要途径，视障人士由于视力受到损害的情况下，功能性视力下降，阅读能力变差直至影响到视障人士的工作和生活。美国眼视光协会认为阅读需要有正常的视力，阅读所需要的视觉技能有注视、扫视、追视、调节、集合、双眼融合、视野、形知觉等，所以帮助视障人士掌握这些视觉技能十分重要。阅读是通过视近来进行，而视远到视近时会出现动眼三联征，包括调节、集合、瞳孔缩小。调节和集合时，容易引起视疲劳，视障人士则更容易引起视疲劳。

一、使用助视器的阅读训练

（一）阅读主要需要的视觉技能

1. **注视**　各种助视器下进行的各种扫视、追视（详见前述）。
2. **调节**　视远或视近时，改变人眼屈光力的大小，从而使远近不同距离处的物体都能成像在视网膜上,这样的能力称为调节。

3. **集合** 当人眼注视远处物体时,双眼的视轴平行、调节静止,而双眼在注视近处物体时,双侧眼球内转,使两眼的视轴正对所看的物体,物体在视网膜上的所成的像正位于双眼黄斑中心凹部位,在一定范围内物体距离越近,眼球内转的程度也越大,这种现象称为集合作用。集合的种类有:自主性集合、非自主性集合。其中自主性集合是视觉反射运动中唯一能用人的意志控制的功能,由人的意志使两眼视轴向鼻侧集合。非自主性集合是一种视觉反射,它是通过大脑枕叶知觉中枢建立的反射条件,是不由人的意愿控制的,其中包括:张力性集合、融像性集合、调节性集合和近感性集合四种。

4. **融合(抑制、弱视)** 阅读时,双眼产生的两个分离的印象必须融合成一个映像,否则便产生一种映像重迭,而使阅读费力。视障人士由于通常双眼视力较差,因此融合困难。有些先天性的白内障视障人士,由于形觉剥夺(早期白内障手术未进行及时手术)导致重度弱视。

5. **视野** 阅读时,当眼固定注视一点时(或通过助视器)所能看见的空间范围,双眼视野大于单眼视野。青光眼及视网膜色素变性导致的视障人士,由于视野受损(管状视野)而导致阅读速度缓慢。黄斑病变的视障人士,往往由于中心暗点,出现中心视物变形,需要利用优先视网膜注视点来进行阅读。

6. **视知觉** 视知觉是更进一步的从眼球接收到到视觉刺激后,传导到大脑皮质及中枢产生接收和辨识的过程。它包括了视觉注意力、视觉记忆、视觉辨认及视觉想象等。因此,视知觉包含了视觉接收和视觉认知两大部分。视障人士由于眼病致视力障碍导致视觉接收不好,忽视了可以察觉的光和物体的存在;但视觉理解是属于较高层的视觉认知的部分,大脑皮质性视力障碍在阅读理解上存在障碍。

(二)训练中常见问题

1. **过度调节所导致的视力疲劳** 视障人士的眼睛在进行集合时,容易发生视疲劳,这对视障人士的阅读连贯性和持续性有较大的影响。所以应关注视障人士的集合近点和集合远点,随着年龄的增加,集合近点会离眼越来越远,所以尽可能保持视障人士在阅读时保持适当的距离,以免由于视觉疲劳而导致阅读时间过短。所以应根据视障人士的不同年龄,帮助他们找到舒适的阅读距离。

2. **训练初期阅读速度变慢** 多数视障人士会认为使用助视器后,阅读速度变慢,但实际上,视障人士在接触并熟悉助视器后(约两周),他们的阅读速度都会比不用助视器时更快。

3. **换行时视野受限** 视障人士常常比较难找到下一行的开头,或者在阅读文本往返折回时，比较难找到相对应的片段，这个问题目前还没有明确的权威训练方法，有待进一步研究。

4. 影响阅读速度的因素

（1）阅读时需要的视功能：视力、对比敏感度、旁中心注视功能。视功能的运用会影响到视障人士的阅读速度。

（2）视觉跨度、瞬间整合分析能力、信息转化处理速度等都可影响阅读速度。

（3）文本的字体、行间距、字体（称线）阴影、字间距、段落分割、文本格式调整、文字底图、线条灰度等都会影响阅读速度。

二、使用其他辅助器具的阅读训练

（一）裂口器

通过黑色纸板中间的裂口进行逐行阅读，予以框格内词句进行阅读，避免了词语拥挤和语句跳行。

（二）听书机

作为有声电子书产品，其主要作用是通过集成电路对 TTS（text to speech）技术的集成与应用将文本文档转换为语音进行输出，从而达到为使用者提供从文本到语音转换的作用。听书效果与设置：拥有完美音质、朗读流畅自然、达真人发音效果；支持多种语音发音、各种文字朗读；可选朗读不同音调等多种音效；可调控朗读语速、语调及标识书签记录；逐句复读、复读等功能。由于听书机体积轻巧、携带方便，深受视障人士的认可和接受。

（三）软件

分为读屏软件、扩视软件和各种平板电脑及手机识别 APP。

1. 读屏软件 作为帮助视障人士上网的工具。读屏软件是专为视障人士设计的屏幕朗读软件，将通过数字键盘的切换操作，以及大键盘上的几个功能键的切换，您就能够随心所欲地进行查找和处理文件，对网页进行导航浏览、编辑和收发电子邮件。

2. 扩视软件 ZoomText 能在显示屏上放大文书处理系统，统计表，资料库和其他许多软件，适用于文字模式、图形模式及各种 Windows 系统下皆能执行。利用鼠标、键盘输入或选单选择设定水平及垂直的放大倍率 1~16 倍，就能轻易控制全部的放大倍率。

3. OCR 文字识别软件 指利用光学字符识别（optical character recognition，OCR）技术，将图片、照片上的文字内容，直接转换为可编辑文本的软件。可以支持 JPG、

PNG、GIF、BMP、DOC 等图片格式转换成可以编辑的文字。

随着科学技术进步,人工智能(artificial intelligence)迅猛发展。该领域的研究包括机器人、语言识别、图像识别、自然语言处理和专家系统等。它在研究、开发用于模拟、延伸和扩展视觉认知的理论、方法、技术及应用系统的一门新的技术科学。人工智能从诞生以来,理论和技术日益成熟,应用领域也不断扩大,可以设想,未来人工智能替代人工视觉带来的科技产品,将会成为视障人士的新型视力辅具。

思考题

1. 简述远用助视器的训练方法。
2. 简述近用助视器的训练方法。
3. 简述阅读主要需要的视觉技能。

第八章 视力障碍的康复

>>> **本章要求**

1. 掌握功能性视力的概念及其模式。
2. 掌握视觉康复训练以及定向行走训练的主要内容。
3. 熟悉心理康复以及工作训练、社区康复等内容。
4. 了解盲杖的分类及使用方法、用途等。

第一节 概述

一、定义

视障康复是指在发生视力障碍后综合运用医学、教育、职业、社会、心理和辅助器具等措施,帮助视障人士恢复或者补偿其视觉功能,减轻功能障碍,增强生活自理和社会参与能力。

二、内容

最佳的视障康复应当对视障人士的眼部及全身情况、日常活动情况、社会参与情况、康复需求及目标等进行评估,依据评估结果制定个性化康复方案,制订、实施康复方案,应当充分听取、尊重视障人士及其家属的意见,并根据实施情况对康复方案进行调整优化。

视障康复涵盖多个领域,主要包括信息咨询、知识普及、康复指导、辅助器具配置、视觉康复训练、定向行走训练、日常生活技能训练、心理康复、教育康复、工作训练和社区康复等。

三、原理

1. 功能性视力的定义 功能性视力是为了有目的地行为而去使用的视力，或指在日常生活中的各种活动，包括阅读、移动、自主工作、游戏、职业工作或教育活动中使用的视力。

视障康复的目的是尽量降低视力障碍对障碍人士的影响，使视障人士能够更充分、更有效的使用其残余视力。因此，对障碍人士的功能性视力进行一系列的研究、评估和干预都具有重要的意义。

2. 功能性视力的模式 Corn 提出了关于功能性视力的模式，这是一个灵活的三维结构，包括视觉能力、个体可利用的贮备及环境线索。

（1）视觉能力包括视觉的五种成分：①远、近视力。②中心视野和周边视野。③视觉器官的运动。④大脑枕叶和其他参与固视、融合、运动性知觉区域的功能，晶状体自身的调节能力。⑤对光和颜色的吸收，包括对光的耐受和色觉缺陷。

（2）个体可利用的贮备是指个体过去的经验及一些有效的功能对新的刺激做出的反应，或利用这些经验和功能从事新的活动，它包括认知以及除视觉以外的其他感觉的发育和各种感觉的结合、知觉、心理特征、身体特征这五个部分。

（3）环境线索是指先天或后天通过学习而获取视力的个体通过环境线索能够看到外界物体，它包括颜色、对比度、时间、空间、亮度等因素。

功能性视力模式中的三维结构的各个维度之间都存在着不同的关联。对环境线索的控制可以提高或降低功能性视力的水平，同样对个体可利用贮备的干预，也可以改变功能性视力的水平，所以研究儿童发育和康复的专家认为应将环境线索和个体可利用的贮备视为可以改变的因素以提高功能性视力的水平。Bianksby 则从解剖和生理上来说明有效的功能性视力主要取决于视觉能力、视觉加工和视觉注意三种因素。这三种因素及其作用是相互关联的，将其中某一种因素视为损害功能性视力的唯一因素是不可取的。

（三）利用残余视力进行的功能性视力训练

我们在强调视障人士借助辅助器具来使用残余视力时，必须注意功能性视力的特点：强调残余视力的使用性。功能性视力是人们在使用眼睛去获取视觉信息从而完成一系列活动时所表现出来的综合性视觉能力。只有在残余视功能被使用的过程中，我们才能谈到功能性视力。

强调利用残余视力的目的性。如果没有一定的视觉任务和目的，残余视力的运用就会受到一定的束缚，更遑论功能性视力。残余视力没有一定的活动目的及场景，功能性视力则是在特定场景下为达到某种目的而去使用残余视力的能力，人们有80%的外界信息都是通过视觉通道来获取的。但并不是所有的信息都有助于我们完成任务，有的信息反而成为完成任务的阻力。所以在观察的时候，对信息的选择是很重要的。我们必须明确目的，即要通过视觉得到什么信息。

强调利用残余视力的选择性。只有在一定的环境和条件下，残余视力的利用才有效。例如视障人士可在特定的情况选择使用触觉或听觉来取代由于视力障碍引起的生活能力的下降。

对于视障人士而言，他们难以自觉主动的使用视力，所以需要制定一些特殊的训练方案来帮助他们使用视力。提高功能性视力可以促进其他方面的发展。不同的人一般不会因为远、近视力水平的高低而在视力的使用上有明显差别。一个人视力可能很差，不能独立完成一些如串珠子、穿针等精细动作，但是他们可以躲开障碍物安全行走。功能性视力可以通过训练得以提高，大部分视障人士通过有序的训练，发挥残余视力的作用，最大限度的利用残余视力，在少量视觉信息的情况下，也能够使功能有效化。这样，即使视障人士在视物不清或者只看到部分物体时，仍能进行辨别。

由此可见，功能性视力不同于一般所说的"视功能"的概念。有效的功能性视力不是自然而然就能获得的，需要经过长期的视觉活动和视觉信息的反馈才能渐渐形成，功能性视力可以通过有关的视觉经验刺激、视觉技能和技巧等一系列训练得到提高，即通过视功能训练得到提高。

第二节　康复训练

一、康复训练体系

视力障碍严重影响着视障人士的生活、社交、自我管理等方面，加强恰当合适的视力康复训练能够有效提高功能性视力，改善视障人士运用残余视力的能力，提高生活质量。视觉康复训练是指功能性视力训练，以视知觉为切入点，以人类认知过程为训练主轴，构建了视知觉医学康复训练体系，如图8-2-1。我们在本节内对儿童及老年人的视障康复训练进行简单的分析，在下章节内给予更详细说明。

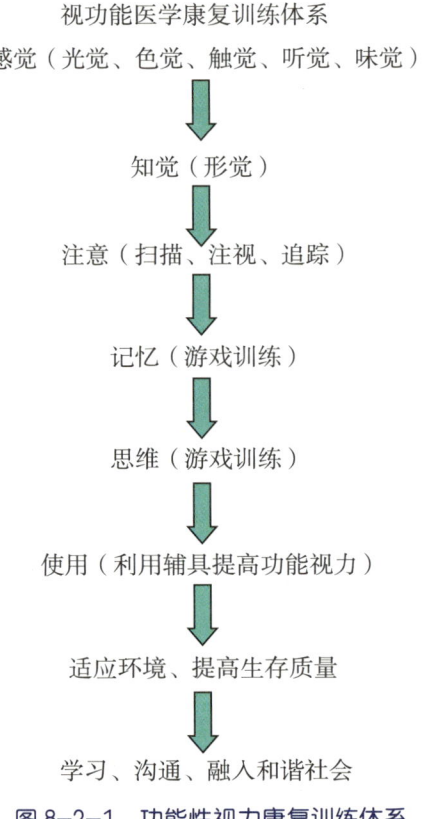

图 8-2-1 功能性视力康复训练体系

视障儿童及老年人康复训练我们将在后面章节给以详述。针对有工作的成人,美国眼科临床指南提出成人的视觉康复,特别是成人的低视力康复需要从服务模式、阅读、辅助器具使用、社会心理幸福及对功能性视力提升的程度进行综合考虑,个性化的综合低视力康复模式有助于提高视障人士的功能性视力,提升他们生存质量,促进他们融入社会中来。对成人进行视觉康复有效性研究发现见下表(表8-2-1)。

二、康复训练准备

1. 训练环境及准备

(1)训练室应不小于 50~60m²,设计合理,留有足够大的墙面安装训练灯饰和目标物。

(2)选择合适的灯具,保证训练时有足够光线。最好选择带格栅的日光灯,以避免产生眩光。灯饰的颜色、闪烁的频率和变换的速度要可调可控,以便开展相应的训练。

(3)训练场所的地面最好按照功能分为活动区和静态区。地板颜色要与墙壁产生明显的反差,最好能铺上泡沫地毯作为保护。

(4)训练室的玻璃窗最好安装三层窗帘,从里到外依次为彩色布帘(作为色觉训练

表 8-2-1 对成人进行视觉康复有效性研究的发现

回顾	服务模式	阅读	器具	社会心理幸福	综合功能
Binns 等, 2012[45]	因为结果测量方法不同, 随诊时间不同, 以及研究人群的多样性, 因此不能够评估不同服务模式的相对益处	高质量证据表明低视力服务导致阅读能力的提高	高质量证据表明障碍人士高度评价和使用低视力助视器。	高质量证据表明有组织的伙伴引导的项目可以减轻忧郁的症状	高质量证据表明低视力服务可以提高功能性能力
Virgili 和 Rubin, 2010[46]	缺少证据来确定方向和行走训练的相对益处				
Jutai, Strong 和 Russell-Minda, 2006[47]	中等至强的证据表明视觉康复专科医师进行家访来演示进行点阅读的光学装置并没有额外的益处		中等至强的证据表明光学助视器加上训练是有效的。中等强度的证据表明完成计算机任务的准确性和执行力与视功能的测量, 图符的大小和其他图像使用者一介面设计有关联。高质量证据表明佩戴三棱镜眼镜对于 AMD 障碍人士来说并不比普通眼镜更有效。		
Agency for Healthcare Research and quality, 2004[14]	有组织的同行支持小组可以改善障碍人士的结果有研究提示可以从综合视觉康复服务中受益		光学装置和低视力助视器可以提高阅读能力		
Treaseli 等, 2011[48]	高质量证据表明强化的视觉扫描技术可以改善中风后的视觉忽视, 并与功能的改善有关联		高质量的证据表明以三棱镜治疗可以增加同名偏盲视觉障碍人士的视觉感觉的得分和改善中风后视觉忽视, 但是不能提高日常生活活动的得分。高质量的证据表明右侧半视野眼遮盖可以改善左侧。视觉忽视, 中等强度的证据表明单眼不透明的遮盖可产生不一致的结果, 矛盾的证据表明双侧半视野眼的遮盖不透明能力。		

注: AMD=年龄相关性黄斑变性。

的背景），白纱帘（在需要自然光线时，避免强烈阳光直射造成眩光），遮光帘（在进行光觉训练或需要暗室环境时，能完全遮光）。

2. 训练器材准备

（1）光色觉训练：①二维视力跟踪训练器；②环形视力跟踪训练；③ LED 触控灯；④手写荧光板、荧光棒。

（2）形觉训练：①沙画台（带光箱）；②偏心注视训练仪；③光箱（材料）。

（3）视知觉训练：①低视力视觉训练仪；②低视力训练图谱；③一体式电子白板（视知觉训练软件）；④ IPAD（视知觉训练软件）；⑤视知觉训练游戏材料（低视力扑克、门球、高尔夫、飞镖、走迷宫、找不同、视觉猜谜）。

（4）多感官训练：①交互投影视讯系统；②视听训练材料、玩具；③感统训练器材，如平衡木、滑板车、羊角球等。

（5）手眼协调训练：①手眼协调训练墙；②手眼协调训练游戏，包括串珠、钓鱼、赛车等。

（6）创作、工作职业技能训练：①美工技能（手工艺）；②电脑技能；③职业技能。

三、技能训练

视觉技能训练以视知觉训练为主轴，进行以下训练：

1. **视觉意识** 意识到物体的存在；让视障人士说出视野范围内可见的物体；对光眨眼，移向光源。

2. **视觉定位**

（1）把视力固定到需要注视的地方。

（2）将光照射到视障人士或训练者身体的各个部分，要求视障人士看光源照到的部位，触摸并说出该身体部位的称呼。

（3）每次将物体放到不同的方向，让视障人士找到并持续注视几秒钟，并说出物体在自己的哪个方位。

3. **视觉注视**

（1）检查视障人士盲区，如注视左面单词表中央时，视障人士发现有部分画面清晰可见，而有部分画面模糊甚至看不见。

（2）避开眼睛盲点（看不见的）区域，视障人士用视网膜最敏感区（看得最清晰的区域）进行阅读或工作。

（3）以间断的光源或视觉刺激物引起视障人士反应，引发其对不同物件的专注力。即对一个人移动的方向保持凝视。

（4）由注视在近距离物体转移到远距离物体，然后由远距离物体转移到近距离物体上。

（5）视障人士在一定距离观看物体。

（6）同时交替注视近/远距离物体。

4. **视觉追踪**

（1）视障人士追随运动的物体而移动眼球，需要更好地控制眼球运动的技能。

（2）可先利用视障人士的眼及头部运动来追踪移动目标，最终仅用眼追踪目标，同时尽量做到手眼协调。

（3）用手电筒在视障人士眼前上下左右、画圈等方式随意移动，要求视障人士的眼睛始终跟随光源的移动而运动。

（4）让视障人士遥控可发光的电动移动物体。

（5）针对视障儿童的有趣性，靠近儿童的脸吹肥皂泡，每一次用灯光照射其中一个泡泡，让儿童指出这个泡泡或用手指去戳破它。

5. **视觉跟踪**　视觉跟踪是用视觉追随静止物体的一种视觉技巧。在暗屋的地面上用绳子摆出一条白色线条，用荧光灯照亮，让视障人士用手沿着线条划出轨迹或者沿着发光的这条线走动。

6. **视觉扫视/搜寻**

（1）视觉扫视是利用视觉查找到目标物。

（2）让视障人士在图画中找出一个目标物。

（3）在合照中找出某人。

（4）在一行、一段、一篇文字中找出特定的字。

7. **手眼协调能力的训练**　对于视障人士来讲是非常重要的。训练的方法也很简单，可以通过具体活动对视障人士进行训练。实际上，每一种训练，都可以达到多个目的。如在锻炼了视障人士的手眼协调能力的同时，还可以对视障人士进行识别颜色的训练。

四、视觉认知训练

1. **视觉基本认知能力训练**　视障人士注意的特点主要包含以下几点：

（1）有意注意较为突出：视障人士由于缺乏容量较大的视觉信息，只能借助将听觉、触觉、味觉以及嗅觉等其他感觉器官获取的信息加以整合来认识周围事物。因此，视障人士需要不断增强有意注意的能力，使有意注意不断强化并得以发展。

（2）听觉注意增强：听觉障碍人士在听觉、嗅觉和触觉等方面的有意注意比较突出，特别是听觉注意有明显加强。

（3）注意分配能力较强：视障人士虽然很难从事有视觉注意参与的分配活动，但他们的其他感觉通道的注意分配能力同样可以发展的很好，如：一边讲，一边摸读、记录等。

（4）注意的稳定性相对较高：当普通人随着注意对象的服饰、衣着、神态等发生变化时，视障人士则较不容易受到干扰，仍能"气定神闲"。

视障人士在进行视障康复训练时，视觉注意力包含了几个层面：①能否注意到出现在眼前的东西。②注意到了之后，可否持续的注意，还是容易分散注意到其他事物上。③如果眼前不止一个东西，要选择注意哪一件事物，而忽略不相关的。④必须同时注意两件事物以上的时候，能够妥善分配及应用。

2. 视觉记忆特点

（1）视障人士记忆过程中缺乏视觉表象或视觉表象不完整。

（2）视障人士的记忆以听觉记忆和触觉记忆为主。

（3）视障人士的机械识记能力较强。

（4）视障人士的短时记忆和长时记忆较好。

3. 视觉辨别

（1）定义：对各种事物的匹配、识别能力以及感知局部的视觉轮廓。

（2）训练方法：辨认图片中细致的地方并描述，辨认物体、图形中失去的部分。

4. 视觉想象

（1）视觉表象的不足以及缺乏形象阻碍了视障人士想象的发展。

（2）视障人士的想象以触觉表象、听觉表象为主。

（3）视障人士的想象常带有个人愿望和主观情感色彩。

（4）视障人士主要通过再造想象来获取间接知识。

（5）视障人士也具有无意想象。

5. 视觉逻辑

（1）定义：对部分与整体的关系的理解能力和视觉闭合能力。

（2）训练方法：扑克游戏，走迷宫。

五、视觉相关肌能训练

1. 粗大动作训练　粗大动作是指身体的大肌肉运动，包括肌力训练、上肢伸展、躯干、翻身、起坐、爬行、跪位、跪行、单膝跪位、站立位等大运动以及协调性训练。如：①抛物在地上，拾回；②踢球，拾回；③穿、脱衣服。

2. 精细动作训练　精细动作是指身体的小肌肉运动，包括手和手指的动作以及手眼协调的能力，如：①手指对捏、捡拾、捻压、揉搓；②叠积木、拾起地上的物体、贴纸游戏等。

3. **工具操作及书写前训练** 如：①画图；②数字连线；③填色；④描红。

六、其他感觉器官的辅助视觉作用

虽然视觉在个体接受和学习外界信息过程中起着最为重要的作用，但是其他感觉器官也对认知有着重要的作用。当眼球接受信息，通过视神经传入大脑后，其他感官所接受的信息也进入大脑，经过综合分析，才能作出正确的判断和认识。如看到美食，光有色彩上的鲜明是不够的，还要有食物的香味诱导人们对食物的认知。因此视觉训练并不是独立对视觉康复效果发挥作用，而是一定程度上取决于视障人士其他多种感官功能的积极调动和发挥。从这个角度来看，视觉训练着重于潜能的开发，而多种感官共同作用则着重于缺陷的补偿。在视障人士视觉康复训练来说，其他感觉因素的缺陷补偿和潜能开发具有同等重要的地位，两者缺一不可。

训练内容：①听觉的补偿效应；②触觉或触-运动知觉的训练；③嗅觉及味觉训练。

七、确定暗点和旁中心注视的训练

导致中心视力障碍甚至出现中心暗点的病因，在老年人群中主要为年龄相关性黄斑变性或糖尿病黄斑水肿，青少年人群则主要为黄斑萎缩性损害合并视网膜黄色斑点沉着（Stargardt病）或视锥细胞营养不良。此时，视障人士会自动选择周边正常的视网膜作为优先视网膜注视点进行注视。

优先视网膜注视点注视法，又称偏心注视。30%视障人士因为黄斑病变而导致中心视力暗点后可以通过优先视网膜注视点进行注视，而60%视障人士通过中心暗点图的检查寻找到优先视网膜注视点并且进行训练。国际上多使用激光扫描眼底镜的方法进行检查，我们根据我国实际情况，建议使用钟表图（如图8-2-2）的方法进行检查，具体寻找视障人士的优先视网膜注视点的步骤如下：

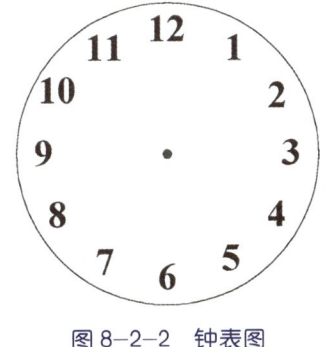

图 8-2-2 钟表图

（1）将钟表图置于障碍人士眼前53cm处，此时1cm约等于1弧度。

（2）嘱视障人士注视视野图中心，余光扫视视野图的各个方位点，判断在何方位视物清楚、视物模糊或无法视物。

（3）此时，视障人士表达视物清楚的方位点的反方向即为优先视网膜注视点。

示例：某位视障人士由于患年龄相关性黄斑变性，自我感觉直视前方时有一模糊区，经诊断为视障人士，现需进行钟表图检查，寻找优先视网膜注视点。在低视力专家的指导下,将钟表图放置在障碍人士眼前 53cm 处,嘱视障人士注视视野图中心点,判断几点钟方位清楚或模糊。视障人士报告 3、4 点钟方位较清楚,如图 8-2-3,提示视障人士的优先视网膜注视点位于 9、10 点钟方位。在接下来的指导训练中,如日常生活中与人交流的时候,指导视障人士保持头部不动,眼睛往自身的左上方注视,并且在生活中的其他活动中,尽量使眼睛位于左上的注视位便可获得最佳的视物情况,使得原先的视物模糊区域相对的向左上方移动开来,最终获得更广泛的视物较为清晰的区域,如图 8-2-4。

图 8-2-3 某视障人士右眼钟表图检查结果示意

图 8-2-4 该视障人士右眼向右上方转动后钟表图检查结果示意

第三节 定向行走训练

定向行走是指视障人士运用各种感官确定自己在一定环境中及其他物体之间的相互位置关系,并在各种环境中进行有目的地、安全、有效、独立自如的行动过程。它包括两部分,心理定位和身体的移动。

定向就是指视障人士在不同的环境中,利用各种残余感觉(包括视觉),确定自己的位置,建立自我与环境或环境中重要物体间的关系。

行走是指视障人士在环境中应用残余感觉(包括视觉),安全、有效和有目的地从一处移动到另一处的能力。

如果视障人士不能利用残余感觉所收集的信息来确定自己所在的位置或辨别方向,就像在大海中迷失方向一样,不能安全到达他想去的地方;反之,仅仅依靠良好的定向,缺乏行走的能力,他们也不能安全地在环境中行走,到达目的地。可见,行走取决于定向,而定向服务于行走,并影响着行走的效率。

一、定向行走的必要性

视障人士往往存在行走困难，行走的基础是定向，影响视障人士顺利行走的根本原因之一也是定向。影响定向行走的主要视力障碍包括：

1. **立体视觉的缺失** 例如误判台阶的高低。
2. **对比敏感度的缺失** 难以看清台阶边沿，对人行道上的坑洞难以辨识清楚。
3. **颜色和距离障碍** 无法识别交通灯的颜色以及路标。
4. **视野的缺失** 周边视野的限制使得他们移动困难。
5. **辨清障碍** 很难辨清人脸，常常认错人，交际存在障碍。

以上的视力障碍影响了视障人士的生活质量，导致了他们无法尽快融入社会，因此必须进行定向行走的训练。

二、定向行走训练的意义

1. **让视障人士独立行走** 可拓展其活动范围，使视障人士获得更多的信息，且独立行走有助于障碍人士自尊和自信心的形成。
2. **促进灵活性** 增强视障人士身体各方面机能的发育、发展，强化身体机能，提高运动能力和身体素质。
3. **创造更多的社交机会** 丰富视障人士的社会阅历，提高视障人士适应社会生活的能力。
4. **创造更多的就业机会** 改进并提高视障人士的日常生活技能，从而提高生活质量。

三、定向行走技能和方法

定向技能指视障人士确定在环境中的位置、判断方向的能力。

（一）定向行走技能要求

1. **方向的辨别** 让视障人士正确掌握判断基础方位东、南、西、北、中和东南、东北、西南、西北以及左上、左下、左前、左后、右上、右下、右前、右后等组合方向。
2. **了解自身的形体构成** 采用标准的解剖学知识，让视障人士辨别近侧远侧、外侧内侧。
3. **掌握日常生活环境的基础常识** 大型标志、常用物品、道路设施、交通工具等。

（二）常用定向行走的方法

1. 阳光定向

（1）辨别固定方向：①采用双手侧平举，一手由头顶向另一手运动的方式体会太阳的运动规律。②记忆口诀："前北后南左西右东"。在白天不同时间体会太阳照射方向，根据口诀作判定固定方向的练习。

（2）短时直线行走：引导视障人士在空旷的场地或行人较少的人行道，利用阳光使其照射在身体的固定位置，反复进行短时间练习，掌握直线行走。

（3）光影、明暗变化：引导视障人士在公园的树荫中行走，体会光影、明暗的变化，判断行走的位置。

2. 时钟定向

（1）内时钟定向法：①让障碍人士将自己定位在时钟中心的位置上，其正前方为12点，正后方为6点，正左方为9点，正右方为3点，其他依此类推。②指导师站在视障人士不同点位方向拍手，让其辨认并行走到指导师身前，观察其行走的准确性。③练习从12、3、6、9简单方向开始，逐渐过渡到1、2、4、5、7、8点等复杂点位的定向，以能准确辨认并向此方向行走为准。

（2）外时钟定向法：①以圆桌为钟面，自己定位为6点，确定他人所在的位置。②以碗盘为钟面，以离自己最近处为6点的位置，判断碗盘中不同菜的位置。

3. 垂直定向定位

（1）视障人士以某一相对固定的物体的竖立面为基准（如：墙、门、桌子、马路牙子），背部及脚跟紧靠着该物体，根据所依物体的方向确定自己行走的方向。

（2）尽量使身体及脚跟贴紧物体，以使面对的方向为正确的方向，否则直线行走时会出现偏差。

（3）尽量不用圆面的物体或活动的物体进行垂直定位，如圆柱或活动的门及放置的临时物品等。

四、行走技术

视障人士在了解环境的基础上，在熟悉的室内及特定的室外环境中，利用自身的定向和行走能力，独立安全地行走，此类方法称为独立行走技术。该技术包括：

1. 上部保护法 视障人士一只手臂屈肘抬起，上臂朝前略高于肩，肘关节弯曲135°使前臂斜横于面前；掌心向外，腕关节在额头前面与身体保持25cm距离；指尖略超过对侧肩，以保护其头部；可把前臂放置于与肩平齐的高度（如图8-3-1，2）。

屈曲反射（逃避反射）中枢在脊髓阶段，在没有大脑的参与下即可完成，即遇到障碍物时个体会本能地向外支撑,以避免撞到障碍物,因此此方法要求手掌朝前。在一些基础设施较差地地区,为了防止在行走中发生触电的危险,也可以手掌小鱼际肌一侧朝前、掌心朝下。

图 8-3-1　上部保护法正面　　　　　　　图 8-3-2　上部保护法侧面

2. **下部保护法**　视障人士一侧手臂由自然下垂状态抬起置于对侧髋关节前 20cm 处;肩放松,肘关节伸直,掌心向后,手背朝前,五指放松朝下;也可边行走手臂边在身体前面左右摆动,以使探寻更加准确。此方法可使个体在行走时避免撞到低矮的障碍物。由于生理上关节活动范围的限制,只能是手背朝前而不是手掌朝前,如图 8-3-3、4。

图 8-3-3　下部保护法正面图　　　　　　图 8-3-4　下部保护法侧面

3. **沿物行走**　个体面对行进方向,体侧与墙壁相距一定距离(约 20cm);距墙侧较近的一侧肩略微下沉,手臂由自然下垂状态向前抬起至髋关节高度,与身体保持 30cm 距离,手背朝前,掌心朝后,用小指和无名指的指背或小鱼际肌一侧点触墙面行走。在行走过程中接触点可不连续接触墙面,如图 8-3-5、6。

图 8-3-5　沿墙行走

图 8-3-6　沿边缘线行走

4. 上下楼梯

(1) 上楼指导:当走到楼梯的初始台阶时,视障人士要站在有扶手的一侧,先用脚试探台阶的下沿或用手触摸到台阶的扶手。脚与台阶的下沿要垂直,上前先用脚轻碰台阶的竖立面,试探台阶的高度和深度,然后用沿物行走技能或用手抓握扶手,手臂伸直,沿台阶右侧上楼。若感觉到扶手变平了,则表明台阶结束,一层台阶上完后应调整方向前行。

(2) 下楼指导:当走到台阶顶部时,视障人士要靠近扶手一侧站立,并抓握扶手,用前脚掌试探台阶的前沿,并与台阶垂直。然后,用沿物行走技能或抓住扶手沿台阶右侧下楼。当快走到底部时,适当减慢速度,以确保安全。

图 8-3-7　扶着扶手上楼梯

图 8-3-8　扶着扶手下楼梯

5. **穿越空间** 在视障人士穿越较大空间或空间环境较复杂或充满危险时，可先利用墙壁、墙角、马路牙子、绿化带等进行垂直定向，再使用上部保护或下部保护直线行走通行，最后恢复到原来的行进方向上。使用这种方法的前提是对环境较熟悉，了解环境布局，具备环境的心理地图。

6. **探索障碍物**

（1）探索和触摸垂直物体的教学指导：以右手为例，手背朝前沿身体滑到左侧手臂外，用手背向前慢慢清扫，按不同高度顺序重复数次直至找到相关物体为止。

（2）探索和触摸横向物体的教学指导：以右手为例，手臂在自然下垂状态下手心朝下向前触摸物体。当触摸不到物体时，手臂换位置重复同样的动作，直到找到物体为止。

对于未知的物体可两种方法交替使用，并移动脚步来探索。

7. **寻找失落物体**

（1）确定失落方位：物体失落时一般都有响声，有的物体落地后，会立即静止，声音也会戛然而止；而有些物体落地后可能会反弹，发出连续不断的响声，再慢慢静止下来。因此，首先，不要急于寻找失落物体，而是细心倾听声音终止的位置来判断其方向和大致距离；其次将身体转向该方向，然后走上前去采用正确的下蹲方法寻找物体，如图8-3-9~11。

图8-3-9 听音辨别方位

图 8-3-10　面对声源

图 8-3-11　走进物体

（2）下蹲方法：①直蹲式下蹲：上体保持与地面垂直，下肢弯曲蹲下，身体不可以前弯或左右倾斜，以免身体碰撞到其他物体，如图 8-3-12。②上部保护式下蹲：一只手使用上部保护方法保护头及面部，下肢微屈，弯腰下蹲，如图 8-3-13。

图 8-3-12　垂直下蹲

图 8-3-13　上部保护法下蹲

（3）搜索物体：①盘旋法：双手手指分开，用指尖轻触地面，在体前由内向外划圆，由小到大直至充分搜索。未找到物体时可向前后左右移动一步，再使用盘旋法搜索地面，直到找到失落的物体为止。②栅栏法：双手手指分开，指尖轻触地面，双手平摊向两侧移动，如画直线的方法。先由内向外直线搜索，再由外向内直线搜索，状似栅栏。未找到时可移动脚步重新使用该法搜索。③手背探寻：一只手使用上部保护法另一手用手背在地面使用"之"字形寻找。

五、定向行走训练的步骤

1. **教授定向行走的基本概念**　如自身形体的方位关系、方向概念、他人形体的方位、动作概念、室外环境概念、距离概念、地形概念、地址及关系概念、交通知识概念等方面。

2. **进行感觉训练**　包括听觉训练、残余视力训练、触觉训练、嗅觉训练、运动觉训练五个方面。

3. **对视障人士进行定向行走训练前的准备训练**　即进行行走前的心理、步态训练，以增强行走的兴趣和自信心、矫正常见的盲态和异常步态，为定向行走的训练打下坚实的基础。

4. **开展行走训练**　包括三个方面的内容：随行技巧、独行技巧、盲杖技巧。

（1）随行技巧：主要是如何在导盲者的带领下安全、顺利、自然、大方、美观地行走的技巧。在视障人士初始学习定向行走时，处于对环境的陌生和定向行走技能的不了解，通常需要老师或明眼人的带领指导。导盲随行即视障人士在明眼人带领下行走的过程。带领的明眼人称为"引导者"，其动作称为"导盲"；视障人士称为"被引导者"，其跟随行走的行为称为"随行"，统称"导盲随行"。

导盲随行的方式虽然很多，但都是在"导盲"和"随行"基本动作的基础上，根据不同情况的需要做不同形式的变化。导盲随行的方法如下：①引导者与视障人士同向并排站立，并用靠近视障人士的手背轻触视障人士的手背，并给予适当的语言提示。②视障人士用被触的手背，找到引导者的肘关节上端，并轻握引导者的胳膊。抓握时，视障人士的拇指放在引导者胳膊的外侧，其余四指放在内侧。③视障人士抓握后立即后退半步，停在引导者的侧后方。当引导者迈脚后，视障人士根据抓握引导者的手臂提供的信息跟随引导者行走。

图 8-3-14　导盲随行

图 8-3-15　持杖随行

导盲随行训练是指导师指导视障人士的家属或能给视障人士提供帮助的亲朋好友带领视障人士行走的训练，参与者是视障人士及其家属或有视力的亲朋好友。

（2）独行技巧：是在了解环境的基础上，在熟悉的环境中能够独立行走的方法。

（3）盲杖技巧：盲杖是让触觉延长，方便了解自己身体周围地面的情况。因此应掌握盲杖的所有知识，包括盲杖的种类、结构、长度、重量、强度、传导性等方面的知识，以便能够提高盲杖的使用效率。

1）盲杖的分类：

按功能分类：标志杖、行走杖、支撑杖。

按材质分类：铝合金盲杖、碳纤维盲杖、玻璃纤维盲杖、石墨合金盲杖。

按杖柄形式分类：直手柄盲杖、弯手柄盲杖。

按杖体结构分类：固定式盲杖、折叠式盲杖、伸缩式盲杖。

按使用者年龄分类：成人盲杖、儿童盲杖。

特殊盲杖：是为视障兼其他障碍人士设计的盲杖。

2）盲杖的功能：盲杖对非使用者来讲起到了警示的作用，可引起过往车辆和行人的注意，为使用者提供优先的行动方便。

盲杖对使用者有如下三个方面的功能：①触觉功能：盲杖的实质是使视障人士的手臂触觉得到延长，让使用者能了解自己身体周围地面的情况。当路面情况发生变化或遇到障碍物时，保障了与使用者之间有一定的安全距离，并为使用者提供了一定的反应时间，可使其及时做出判断。②保护功能：在身体前面形成动态的扇形平面，保护使用者的行走安全。③声音定位：点击地面时发出声音，为使用者进行回音定位、了解周围环境、辨别障碍物提供了音源。

3）盲杖的技巧：

①盲杖握法：

手的握法：用手握住杖柄，把大拇指放在盲杖的上端，且将食指贴于盲杖扁平的一侧，指尖朝向杖尖的方向，其余三指拖住杖柄的下端，虎口朝前，见图8-3-16。

图8-3-16　盲杖握法

手臂的位置：握杖手手臂伸直并在身体一侧自然放松下垂，见下图。

图 8-3-17　持杖手下垂

盲杖杖尖触地并向前滑动，直到手臂完全伸直，见下图。

 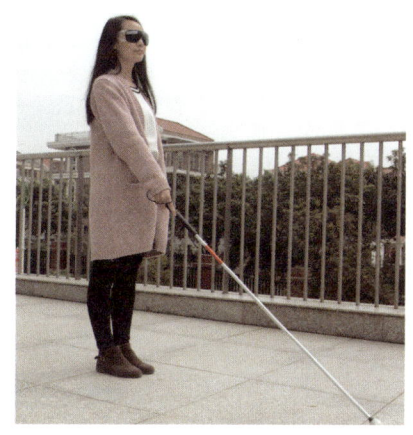

图 8-3-18　持杖手前伸正面　　　　　图 8-3-19　持杖手前伸侧面

握杖手手腕内转，盲杖尖端滑向身体对侧，杖尖略超过对侧肩约 5cm，见下图。

图 8-3-20　盲杖点触左侧地面　　　　图 8-3-21　盲杖点触右侧地面

②盲杖探索障碍物：视障人士在行走过程中，当杖尖碰到障碍物时，应立即停止行走，随后将杖尖抵住物体，缓缓地竖起盲杖靠近物体，来了解物体高度；将不持杖手的虎口紧靠盲杖，手指外展，拇指在杖身一侧，自手柄处沿杖身慢慢向下滑动，从而了解障碍物的大小及种类。见图 8-3-22~24。

图 8-3-22　盲杖触到障碍物　　　图 8-3-23　探索障碍物　　　图 8-3-24　触摸障碍物

③持杖上下楼梯：

上楼：视障人士用斜握法持杖行至楼梯前，用盲杖杖尖探触最底层的起始级楼梯；脚尖接触台阶且与之垂直，用盲杖探索台阶的高度、宽度、深度及是否有扶手。若有扶手，人靠扶手一侧，持杖手伸直，用直握法握杖，使盲杖与地面垂直。上楼过程中杖尖要始终与上一级楼梯边缘接触，叩响上一层台阶，用正常上楼方法上楼。当盲杖触及不到上一级楼梯边缘时，表明此段阶梯已经结束，但视障人士还需再上一级。视障人士上完一段台阶后，可沿楼梯扶手转向走到下一段阶段的起始级楼梯，用同样的方法继续上楼。见图 8-3-25 ~ 29。

图 8-3-25　接触楼梯　　　　　　　　　　　图 8-3-26　准备登梯

图 8-3-27　持杖上楼梯

图 8-3-28　走到楼梯顶部

图 8-3-29　走完楼梯

下楼：视障人士用斜杖法持杖缓步走进楼梯口处，用盲杖杖尖探索楼梯的边缘，杖尖沿楼梯前沿划动，用双脚的前脚掌感觉台阶的前沿，用盲杖测量台阶的高度、宽度、深度及是否有扶手，然后用斜持法或敲击法下楼，使杖尖始终保持在下一层台阶的上方略高一点点处。当杖尖触及地面时，表明此段阶梯结束，但视障人士还需再下一级楼梯。见图 8-3-30～33。

图 8-3-30　持杖准备下楼梯

图 8-3-31　持杖开始下楼梯

图 8-3-32　走到楼梯底部

图 8-3-33　下完楼梯

（4）盲杖的优缺点：

优点：①保护身体的下部。②可靠、耐用，无需太多保养。③操纵灵活，易于使用。④价格低廉，经济实惠。⑤明确标志了使用者的身份。

缺点：①无法探寻洞察较高处突出的物体，如树枝、卡车的尾部、中型客车的后视镜等。②不易存放和携带，有时影响他人行走。③未经正规训练，使用效果不好，易成为行走的安全隐患。

六、定向行走场景模拟训练

在视障人士在各种环境中独自、安全、有效的行动之前，我们可以通过开展一些场景模拟训练来检验他们定向行走的能力。

例：道路交通中目标路线的行走。

视障人士在训练指导师的帮助下利用自身的本体感觉（位置感觉、运动感觉、震动感觉、阻力感觉等）、平衡感觉辅以剩余视觉、听觉、嗅觉、味觉、触觉（解压觉、痛觉、温度觉）去感受并记忆由环境物体中光线、色彩、声音、形状、质地、气味、温度等构成的线索和路标信息及他们之间的连续相关性，构建自身的心理地图；在此基础上能独立、安全、有效、自然地完成目标行走任务的过程，即道路交通中目标路线的行走。

1. **训练的目的**

（1）全面掌握各种定向和行走技能。

（2）使视障人士能独立完成与日常生活相关的外出活动，提高生活质量。

（3）增加参与社会活动的机会。

（4）为陌生环境行走奠定基础。

2. **训练的形式**　导盲随行行走、持杖行走、独立探索行走。

3. **训练的方法及过程**　选择及考察道路目标。

（1）经过评估了解视障人士的实际出行需求，选择出行训练的线路情况。

（2）视障人士在训练指导师及其亲属的陪同下考察道路情况，确定定向、定位参照物及不同路段的定向、定位方法及在道路的行走位置、参照物的种类、数量、顺序等等。

4. **指导视障人士独立行走**

（1）指导视障人士实地行走练习，在此过程中讲解不同路段的结构、走向、定向定位参照物及在道路的行走位置，帮助视障人士总结记忆。

（2）视障人士独立行走此道路，训练指导师在旁指导、保护。

（3）视障人士独立行走，指导师跟随其后记录、打分，待过程结束后，再予指导、探讨。

5. **目的地环境教学**

（1）实地考察出行目的地环境的结构、环境内的定向、定位标志参照物。

（2）带领视障人士进入此环境，进行环境指导训练。

（3）视障人士复述环境情况。

（4）观察检测视障人士在目的地环境内的活动情况。

6. **视障人士独立目标路线行走**　视障人士在无任何人协助下独立出发到达指定场所完成相关活动后返回。训练指导师不跟随，过程结束后再与其共同探讨相关问题。

在此过程中，遇到视障人士无法构建环境心理地图时，可制作触摸地图来加以解决。

对于能力较强的视障人士也可以开展陌生道路交通环境的行走训练，指导视障人士自己搜索行走信息，设计行动方案，解决自身生活、工作中的问题。

第四节　日常生活技能训练

人类日常生活所需的知识和技能需要视觉学习的参与才习得，例如一些由持续且不断变化的动作过程发展起来的技能，需要依靠持续、直接、全面、迅速的感知觉感知他人的动作与行为习得，而人体能完全符合上述条件的感知觉只有视觉。所以不经过训练，视障人士是无法获得这些知识技能的。

国际功能、残疾和健康分类，简称 ICF，共有 1454 个条目，是 WHO 应用于与卫生有关领域的分类系统之一。ICF 分类将"活动参与"分为九个领域，其中的"生活活动参与"又包括八个领域：

1. **一般任务与要求**　执行单项任务或多项任务，进行日常事务和控制应激的一般方面。

2. **交流**　能够倾听、听懂并做出回应、书面交流，身体语言（手语、盲文）。

3. **活动**　自我身体肌肉、关节的运动使自己或物体发生移动，包括交通工具的使用。

4. **自理**　照顾自己、盥洗和擦干身体、护理身体、穿衣、吃饭、喝水和照顾自己的健康。

5. **家庭生活**　做家务、买东西、缝补、浇花儿、帮助他人。

6. **人际交往和人际关系**　能和陌生人、朋友、老师、父母或爱人相处。

7. **主要生活领域**　教育、工作就业、经济生活。

8. **社区、社会和公民生活**　社区生活、娱乐休闲、精神生活、权利维护。

由此可见，日常生活技能的很多方面都特别需要视觉的参与，生活技能培训就显得尤为重要。视障儿童日常生活技能训练参见视障儿童康复章节。

一、视障人士自我管理能力的训练

日常实用的生活技能的训练主要包括个人卫生、家务事、在家中和餐馆用餐、花钱和购物等，这些对视障人士来说都非常重要。对于有正常视力的人来说，日常生活技能主要是靠视觉模仿和学习获得的，而视障人士仅存的视力都应得到充分的利用。通过专门的指导和训练，充分发挥其视觉与其他感官的作用，多给视障人士一些时间和鼓励。学会生活自理不仅是为了培养了视障人士自尊、自信、自立、自强的信念，同时也促进了其多种能力的发展。

在日常生活技能训练的同时，家长还应创造适宜的环境帮助视障人士尽早地掌握这些技能。例如为视障人士洗手时，选用的香皂盒应与水池的颜色有所区分；教视障人士刷牙时，选用的牙刷或牙膏的色彩、形状也应有所考虑，以免混淆；教视障人士洗脸刷牙时则可以通过不同颜色、质地的毛巾及牙刷形状、牙膏香味使日常生活技能的训练像游戏一样有趣且成效显著。而对于视障人士，则需要在家庭进行无障碍环境相关改造及装修。

当然，视障人士的自我管理能力包括很多方面，以上仅列举了一部分。总之在进行自我管理能力培养的同时，要有意识地渗透对视障人士的视觉训练。

二、成年视障人士日常生活技能康复

值得注意的是，成年视障人士日常生活技能康复有其独特性。其中许多老年人将视力下降归结于年龄增加，对康复需求不高而拒绝治疗与康复，这让老人产生孤独感。不少老年障碍人士除了视功能减退外，常伴有其他全身性系统疾病，如心血管、神经系统及关节炎等严重疾患，这使得他们的生存质量降低，甚至丧失独立生活的能力。因而不仅要在在医院内对老年视障人士及家属进行日常活动的指导，还要随访以进行家庭指导。

视障人士进行日常活动训练时，应注意以下三点：

（1）训练时需要家属陪同，让家属了解障碍人士的需要及训练方法，从而在日常生活中帮助障碍人士进行训练。

（2）家属需注意家中的装修装饰，如家中地面是否平整，有无障碍物，有无台阶等，墙壁颜色、座椅的设置和颜色的搭配，以及电器插头、开关有无触电危险等。

（3）训练的内容包括视障人士自我管理能力的训练，如个人卫生、家务事、用餐、购物、消费、烹调、清洗、装饰和室外及室内安全行走。

三、日常生活技能训练的意义

（1）了解及观察视障人士在日常生活中如何利用残余视力，及时发现并帮助解决障碍人士碰到的问题。其中，阅读困难是许多老年视障人士的主要困扰，如果阅读能力受到严重影响，则会使老年障碍人士的日常生活变得枯燥。

（2）帮助障碍人士适应居住环境以保证安全和改善日常活动，提高生活质量。

第五节　心理康复

由于视觉在障碍人士感知外界及行为的指导性上的重要性，视力障碍会影响到障碍人士身体、运动、心理等各个方面的发展。先天病因导致视力障碍的儿童，由于认知的缺乏导致其心理发展和普通儿童相比有很大不同，成年视障人士后天原因导致视力障碍的障碍人士，其障碍人士心理将出现一系列的变化。

一、先天性视障人士的心理特点

由于先天视力障碍是从婴儿发育而来，无遭受挫折的体验，随着年龄的增长视障人士才慢慢懂得并体验到视觉缺失带来的不便及与正常人的不同，其心理过程比较复杂，可能不同障碍人士会在不同年龄阶段出现程度不同的否定期、抑郁反应期或对抗反应期的一些情绪表现，但更多的是心理行为举止问题。

视力障碍客观上就要求听觉、触觉及嗅觉等其他感觉要代偿视觉功能，补偿视觉缺陷，因此视障人士听觉、触觉功能明显增强，如常主动积极地利用双手使用触觉分辨物体的各种不同属性（如大小、形状、结构、温度、光滑度、硬度、重量、比例、距离、方向等）。而先天性视力障碍由于视觉缺乏导致知觉不能较好建立，与普通儿童相比存在差异。此后，听知觉、触知觉、嗅知觉等可以部分地代偿视知觉，从而在知觉体系中占主导地位，但存在知觉的不完整性及选择性相对困难导致对事物的认知仍然存在差异。

视力障碍对注意力发展的影响在于由于障碍人士缺乏视觉的干扰，有时相对较为专心，其注意的稳定性相对较高。而其记忆一般以听觉记忆和触觉记忆为主，且机械识记的能力较强。视障人士因视觉表象的缺乏，其想象资源极度缺乏，限制了其想象空间，即使出现丰富的听觉想象，也是歪曲的。

视力障碍得到的信息是断断续续、不连贯、不具体的。部分视障人士的内向和胆怯也使他们思维发展的动力受到限制；信息不足，形成概念必然困难，不能用物体的整体特性来综合，容易出现片面性，不易抓住事物的本质特征；容易用自己已知的类似的可以感知的事物来推理，这样错误就在所难免。但有的视障人士常独自沉思默想，长期的动脑使他们思维更敏捷。

视力障碍对障碍人士语言发展的影响，常因看不到口形而有发音不准或有口吃、颤音等现象，甚至在发音时出现面部上的多余动作，并有造成词与事物形象相互脱节的现象。

上述的原因造成视障人士的气质倾向以黏液质和抑郁质类型的居多，而多血质和胆汁质类型的人数较少；生活、劳动、运动等能力的形成和发展都比普通人晚而且慢，生活适应能力较差；、兴趣虽不够广阔，但稳定性较强；在性格方面容易出现各种消极情绪，如异常的自尊、自负或自卑、缺乏自信心或者依赖性、不果断性和坚韧；在性格和情绪特征方面，有的表现为情绪困扰、情绪不稳定、更不敏感、消沉、抑郁、焦虑者占多数，爱钻牛角尖。

二、后天性视障人士的心理特点

后天病因导致视障人士多半会经历震惊、否定、抑郁反应、对抗独立和适应等五个心理阶段，时间长短不一。

1. **震惊阶段**　障碍人士对在遭受创伤等重大视力障碍没来得及进行心理整合、领悟和理解等心理反应，尚不知瞬间发生什么事和带来什么后果，表现出情感上的麻木、惊呆、无感觉、无反应，一般持续几小时或几天。有些可逐渐自行缓解，大部分需要他人帮助心理疏导才能缓解。

2. **否定阶段**　经历过震惊阶段，障碍人士逐渐领悟到自己视觉伤害，并认识到有终生残疾的可能时，自觉或不自觉地出现心理防卫机制，即否定作用。他们会不自觉地回避可能终生残疾这个残酷的现实，就像什么都没发生一样，以避免心理上的痛苦，起到一种自我保护作用。

3. **抑郁反应阶段**　当障碍人士最终意识到自己将终生残疾时，心情骤变，极度痛苦、悲哀，出现抑郁反应。表现为压抑的心境、无助感、无用感、兴趣下降，对任何事物和人都失去兴趣，悲观失望，唉声叹气，自我评价下降，不愿主动与别人接触，失眠，严重者出现自杀想法或行为。抑郁阶段一般持续数月或数年。

4. **对抗独立反应阶段**　障碍人士遇到巨大挫折后，会失去自信心，不相信自己能独立生活，出现明显的依赖心理。表现为日常生活中自己能完成的任务不去做而依靠别人，对他人的宽慰和劝勉抵触对抗，对康复训练不积极，出现破坏独立这种成熟人格的表现。

5. **适应阶段**　视障人士经历上述各个阶段以后逐渐进入适应期，表现为承认自己视障，并在情感上、认知上和行为上愿意采取一定的措施适应视障、改善生活状况。逐渐面对现实、适应生活、适应残疾及与社会沟通并投入社会。障碍人士经过康复后，身体和心理上都有恢复，在康复工作者的帮助下，在社区康复的支持下，重返社会，参加工作，为社会作贡献。

障碍人士在视障后心理上的变化和调整是有一定规律的，基本上需要经历上述几个阶段，各个阶段有时会交错出现。视障人士常常合并有抑郁症，他们在功能、社会参与和健康状况方面明显较差。检查者和康复工作者面对视障人士时应该注意其精神状态，及时与其家属及相关专业人员进行沟通，必要时给予转诊。同时可以通过和障碍人士交流以及使用各种不同抑郁症的筛查工具，尽早防治抑郁症，减少视力障碍及精神健康方面造成的负面影响。

三、心理康复的特点

视障人士比正常人群及其他障碍人士在心理康复方面具有以下不同特点：

（1）缓解由视力障碍导致的应激性心理状态。

（2）克服在日常生活环境中常会出现的消极心理，如恐惧、冒失、害羞、自卑等。

（3）帮助视障人士构建良好的心理建设，主动迎接视障所带来的各种挑战。

四、心理康复的影响因素

视障人士在心理康复方面具有以下的不同影响因素：

（1）对自己障碍主观的看法或认定。

（2）很多处于边缘角色的视障人士，以为自己尽管看不清但看得到，因而往往刻意隐瞒或回避自己的视力障碍，表现出看得到的样子，却又无法像正常人一样在每个场合都表现自如，患得患失，需要更长的时间来认同自己视障人士这一角色。

（3）拒绝向残联或视障人士机构求助。很多视障人士害怕被当做视障人士看待，担心无法获得与正常人一样平等的机会，也有部分视障人士是不了解可以从残联或盲校、特教中心获得帮助。

（4）视障人士常有许多冒险动作，或心理认为自身不受公平对待，归因较偏激、负面。

五、心理康复的协助

如何协助视障人士克服心理障碍，需要从以下几个方面着手：

（1）与他们建立友好的关系，抱着"同理心"，尽量融入他们的生活，设身处地地体会他们的感受。

（2）成为良好的聆听者，尽量理解他们的困难。

（3）提出开放性问题，让障碍人士思考，并充分表达自己的观点，协助他们归因、分析自己的看法。

（4）不要急于表达自己的意见，避免阻碍视障人士参与及尝试，支持和鼓励是对障碍人士最有力和最好的帮助。

（5）帮助其亲属及他人接纳障碍人士的障碍，并鼓励障碍人士积极面对因视障带来的种种限制。

（6）对障碍人士清楚解释其视力状况和能从事的活动，培养并鼓励他们向别人介绍自己的视力状况和能力。

（7）鼓励障碍人士接受并使用助视器以弥补视力的不足。

六、心理康复的措施

视障人士如何融入社会、适应社会，应该从以下几个方面进行：

（1）参加视障人士的社团活动，积极融入社会，避免自我封闭而致的孤独。

（2）定期接受康复治疗师的心理问卷调查，对自我消极情绪进行监测。

（3）主动与他人分享自我的成功或烦恼，碰到难题主动寻求相关专业人士的帮助，用更好的心态面对未来。

（4）参加心理讲座，了解相关的心理知识，正确评价自我，树立合理的自我概念，以科学知识取代不合理的主观臆测。

第六节　工作训练和社区康复

一、视障人士工作训练

视障人士特别是伴有其他先天性或慢性疾病的人士，日常生活十分艰难，工作更是困难重重。因此对于那些能独立的有工作需求的视障人士必须进行必要的工作技能训练，包括一些基本工作技能的个别化训练，以满足这些障碍人士对各自的特殊工作要求。

首先，工作技能康复是以视障人士自我倡导的社会技能康复。

其次，医学倡导也是许多视障人士要学习的重要内容。

再次，相关的卫生、教育、职业和社会服务等社会方面机构的共同参与是实现视障工作技能的关键。

此外，视障人士的工作场所须配备的相应的、合适的辅助设备/辅助设施。

目前，香港及国外已有专门为视障人士设计的职业过渡计划，如在澳大利亚，通过二十四个星期的计划培训，视障人士结合工作经验，能够成为独立生活技能的工作者。障碍人士参加职业发展活动，有助于理清自己的职业需求和目标，更好的学习、生活甚至娱乐，融入社会中。随着我国社会事业的进一步发展，视障人士工作技能康复工作即劳动就业已经越来越受到重视。

二、视障人士社区康复

目前，社区康复事业正在中国蓬勃开展，特别是视障康复工作已经逐渐进入正轨。社区康复是指社区在发展的同时，要达到为所有残障人士提供康复、公平的机会进而使其与社会融合的目的。社区康复的实施需要有残障人自身、家属、以及相关的卫生、教育、职业和社会服务等方面机构的共同参与。

一方面眼科检查者的首要任务是鉴别和了解障碍人士因视力受限所导致的直接或间接的功能障碍。另一方面相关康复工作者和社会工作者需要定期对视障人士进行家庭随访，给予病人合理的生活和工作建议，帮助其解决实际问题，了解其心理需求及变化，从以人为本的角度去关心爱护他们，并为他们提供视障康复训练。

> **思考题**
> 1. 功能性视力的定义。
> 2. 视觉基本认知能力训练的主要内容。
> 3. 定向行走的技能和方法。

第九章

儿童视障康复

>>> 本章要求

1. 掌握儿童视障的特点，儿童低视力早期筛查、检查的流程。
2. 掌握儿童视障康复相关特点、视力障碍对认知的影响。
3. 熟悉儿童视障常见病因、普通儿童视功能发育特点、低视力与弱视。
4. 了解儿童视障患病率、视障康复与教育的结合。

第一节 概述

一、儿童视障流行病学特点

视力障碍包括盲和低视力，儿童盲、低视力特指发生在儿童阶段的视力障碍。全世界范围内各种原因引起的儿童视障人士占总视障人士的 3.3%，低视力患病率是盲患率的 2.9 倍，全球视障儿童超过 100 万。在儿童视障人士中男性略多于女性，与成人正好相反。

我国 1987 年调查显示：14 岁以下儿童盲与低视力患病率分别为人群的 0.42‰、0.43‰，视障率为 0.85‰，按我国人口 10.8 亿计，视障儿童约为 90 万。2006 年我国再次调查显示全国视力障碍者总数约为 1233 万人，盲和低视力总的患病率为 0.95%，几乎每 100 人里就有 1 个视力障碍。

在发达国家视障儿童的比例在所有视力障碍人口中不到 5%，但专家一致认为儿童低视力应该比老年低视力受到更多关注。因为如果按"患病年数"来看这些统计数字的话，一个小儿 5 岁时患病，预测其寿命可到 80 岁，即有 75 年为视力障碍（即"患病年数"为 75 年）。从这一角度来看，以"患病年数"来计算，视障儿童是所有视力障碍人口的 20%。

二、儿童视障常见病因及康复

占我国视障儿童病因第一位的是先天性遗传性疾病,与成年人中白内障占第一位完全不同。常见病因有先天性白内障、先天性青光眼、白化病、眼球震颤、视网膜母细胞瘤、早产儿视网膜病变(ROP)。但应引起我们重视的是,2006年对广州盲校视障儿童病因按具体眼病统计分析得出早产儿视网膜病变已跃居儿童致盲首位。

表 9-1-1　儿童的眼部病变

情况	频率
先天性白内障	0.02%（0 至 1 岁儿童中患病率） 0.42%（6 至 15 岁儿童中患病率）
早产儿视网膜病变	52%（出生体重 <750g 的婴儿中的发病率） 32%（出生体重 750~799g 的婴儿中的发病率） 15%（出生体重 1000~1250g 的婴儿中的发病率）
先天性青光眼	0.0015%~0.0054%（<20 岁儿童中的发病率）
视网膜母细胞瘤	0.005%（<15 岁儿童中发病率）
脑视力障碍	尚缺少确切的患病率或发病率资料
斜视	1%~3%（6~72 个月儿童的患病率）
弱视	1%~3%（6~72 个月儿童的患病率） 0.8%~2%（30~71 个月儿童的患病率）
屈光不正 近视眼（在较轻的屈光不正眼中为 –1.0D 或以上） 远视眼（在较轻的屈光不正眼中为 +3.0D 或以上） 散光（较差眼的柱镜度数为 3.0D 或以上）	0.7%~5%（5~17 岁儿童中的患病率） 4%~9%（5~17 岁儿童中的患病率） 0.5%~3%（5~17 岁儿童中的患病率）
儿童葡萄膜炎	发病率 0.004%（<16 岁儿童中年发病率）

注:本表引自中华医学会眼科学分会组织编译.眼科临床指南.2 版.北京:人民卫生出版社,2013.

(一)先天性白内障

1. **定义**　指出生后第一年发生的晶体部分或全部混浊。

2. **特点**　往往合并其他眼部先天异常,如眼球震颤、白化病、色素膜缺损、小眼球、小角膜等使视力严重损害。

3. **处理**

(1)手术治疗。

(2)查出屈光度,对早期不能植入人工晶体的婴儿,为防弱视,尽量给予 +10.00D~+12.00D 凸透镜。

（二）先天性青光眼

1. **定义**　由于胚胎时期发育障碍，使房角结构先天异常，阻塞房水排出通道，导致眼压升高，眼球不断增大，又名水眼或发育性光眼。

2. **特点**　呈进行性视力障碍，对比敏感度显著下降，视野向心性缩小，甚至管状视野或盲。

3. **处理**

（1）手术治疗。

（2）尽量查出视力表视力，但视功能严重下降，往往无法矫正。

（三）白化病

1. **定义**　指一种皮肤及附属器官黑色素缺乏的疾病，视网膜无色素，虹膜和瞳孔呈淡粉色，畏光。

2. **特点**　眼底可见黄斑发育不良，无黄斑中心凹光反射，视细胞功能低下，同时伴有色素膜色素浅淡或缺陷，有眩光症状，常合并眼球震颤或斜视等。

3. **处理**

（1）常伴高度近视、中高度散光，应予以矫正。

（2）可配戴滤光镜或帽子，防眩光、增加对比度。

（四）眼球震颤

1. **定义**　指不自主的、节律性的、往返摆动的眼球运动，是视觉系统或运动系统失调的神经眼科体征。

2. **特点**　由于眼位不稳定，视细胞不能接受固定的影像刺激，无固视，且常合并其它眼部先天异常。

3. **处理**　多伴有中度以上近视，予以配镜，或者配戴棱镜。检影时应找出零点位，即中间带进行检影，取功能性屈光度。

（五）视网膜母细胞瘤

1. **特点**　儿童最常见的眼内恶性肿瘤，平均发病年龄为 2 岁，大多数在 3 岁前发病（90%），7 岁以后少见，可单眼、双眼先后或同时罹患。

2. **处理**　根据不同的手术方式结合儿童的发育特点，进行验光配镜。

（六）早产儿视网膜病变

1. **定义**　指孕期 36 周以下、低出生体重、长时间吸氧的早产儿，其未血管化的视网膜发生纤维血管瘤增生、收缩，并进一步引起牵拉性视网膜脱离和失明。

2. 处理　应对早产儿严格控制用氧。ROP 一旦发生，进展很快，可有效治疗的时间窗口很窄，因此应对 37 周以下早产儿出生后及时检查，对高危者应每周检查。在第 2~3 期可行激光或冷冻治疗，凝固无血管区。第 4~5 期，行玻璃体手术切除增殖的纤维血管组织。往往无法矫正，可通过寻找偏心注视的方向，配戴棱镜减少眼球震颤的发生。

第二节　儿童视障康复措施

一、普通儿童视功能发育特点

作为人类最早发育的器官，眼睛从婴儿出生后直到幼儿期间一直在持续不断地发展，达到成人水平会经历一个发育过程。通常情况下，幼儿的视力要到六岁才能发育到常人标准。

婴幼儿视力检查的重点在于观察小儿固视反射和跟随反射是否存在，以大致了解其视力的情况。根据国内专家们的观察，发现儿童视力发育情况大致如下：

新生儿：正常新生儿的眼球已经成形，具有光感，但视力并未完全发育，注视时间为 7~10 秒，注视时间越久，表示其专注程度越高。出生 1 周左右，婴儿具有闭睑反应，瞳孔对光反射，无目的的眼球运动，视力约为 0.01~0.02，只能看到眼前约 20cm 距离的事物（眼前的物体移动，光线以及简单轮廓），20cm 外是模糊的，且只能追视水平方向物体。

出生后 1 个月内：满月时，两眼可凝视光源，能看清 50cm 之内的物体，虽能分辨色彩，但仅限于红、黄、蓝、绿，不能分出粉、紫等过渡色，开始有头眼协调表现。可以从安静眼位转为注视眼位，但辐辏很少出现，且没有调节功能。双眼能追随光源做同向运动，但时间持续短。

2~3 个月：2 个月时，眼球随人转动，两眼能同时注视一物体，有瞬目反应和固视反应。此时双眼注视开始出现，能追随人的活动，这其实属于反射运动，防御反应在 3 个月以后才会出现。3 个月时，婴儿视力还在 0.01 左右，眼睛能随目标物水平、上下移动，大多数婴儿具有注视、双眼固视和追踪能力。

4~5 个月：可抬起头，看自己的手，有时会试着用手去触碰物体，此时已有粗略调节。视力达到 0.02~0.05。4 个月时，婴儿开始发展立体觉，建立立体感。两眼共视时，有远近深度的感受，不只会注意东西的外缘，还会注意细节，并开始拥有视觉记忆。眼睛能随目标物水平、上下移动，移动可达 180 度。当婴儿出生 5 个月，能够长时间注视物体，出现追随运动，开始建立双眼的融合能力。

6~8 个月：能追随注视点移动，视力可达到 0.1。6 个月时，眼球逐渐成熟，双眼可对准焦点、分辨上、下、左、右不同的方向，基本建立立体感。已经可以控制自己的眼睛，视线不再游移不定，能转动眼睛寻找声源，或追踪移动的物体，大脑能指挥手去抓取眼睛看到的东西。8个月时能稳定地固视，也能持续地追踪。

10个月~1岁左右：8~14个月的婴儿视力约为0.2~0.3，手眼协调较顺利，学习用两眼判断距离。

2岁：能有意识地观看身边的景物，特别是颜色鲜艳的东西，辐辏发展较完全，此时约有0.5的视力。有深度觉，能区别远、近以及简单的几何图形（圆、三角、方块等），视线跟得上快速移动的东西（如追踪天上的飞机），并看得清楚，对比敏感度基本发育完成，视物能力与捏、抓等精细动作越来越协调。

3岁：双眼视觉初步建立，但有时处于单眼视状态，有较稳固的反射反应，但这种反射反应也易消失。此时晶状体厚度及曲率、前房深度、角膜曲率半径、总屈光度的特定值及相互关系较集中于视轴中心。3岁时的眼球前后半径已有23mm，一直到14岁增长速度以每年平均0.1mm的增长进行。成长到3岁时，视力约为0.6，视觉较敏锐，喜欢观察，会通过视觉指导手部动作，眼手协调较好，主动尝试接触新的事物。

4岁：婴儿视力约为0.8，喜欢翻阅图画书，已经能学习辨认图案的方向。

6岁：眼的反射已和无条件反射相似，并且可以识别6种以上的基本颜色。婴儿成长到6岁，其视力约为1.0，基本同正常成人，手眼协调性更强，注意力保持约15~20分钟。

8岁：眼的反射已经像无条件反射一样稳固，波动期已结束。

儿童的视力障碍常常导致儿童的视觉认知的缺失，造成儿童生长发育和认知水平的落后，因此关注儿童的眼健康具有重要的意义。

二、儿童视力障碍的特点

（一）视觉发育尚未成熟

新生儿的视觉功能包括视力、色觉、双眼视觉等但发育极不成熟，到6岁时才逐渐发育成熟。在妊娠期或出生后任何发育环节异常，都有可能导致终生视障。所以视障儿童固定视物时，无法进行目光交流。行走时对障碍物"视而不见"，不能主动避让。看东西眼睛距离很近，好像"用鼻子阅读"。

（二）缺乏视觉经验

一般认为1岁以内或3岁前，是视觉发育最旺盛的时期也是先天性或后天性视觉剥夺导致视力障碍最敏感的时期，此时视觉剥夺导致的残疾可能使低视力患儿仅有短暂或根本缺乏视觉经验。

（三）身心发育尚不成熟

婴儿期除视觉发育不成熟外，其身心发育也不成熟，对其视力障碍的无知，对各种检查、治疗手段的不配合，给小儿的视障康复带来困难；并且视障严重影响其对客观外界的认知，因而又进一步影响患儿身心正常发育。

（四）小儿视障不易被发现

这一点与成年人有明显差异，尤其是不能诉说自己视力好坏的幼儿及学龄前儿童，一般需要家长偶然观察发现，但发现时往往延误了治疗时机。

（五）患病年数长

视障儿童的"视力残疾年数"或"患病年数"比成年人长，有可能是终身。

（六）儿童调节力强

视障儿童调节力仍很强（+10~+12D，甚至+14D），可以极近距离（嘴贴笔尖）阅读、书写，通常不需要近用助视器，在检查屈光度时与一般儿童一样强调散瞳验光。

（七）记忆特点

视障儿童的记忆主要是听觉记忆和触觉记忆，但其实际方法与成人低视力相比，有较强的机械识记能力。

（八）适应性强

自幼低视力的儿童多能自然使用残余视力，生活适应力较强，0.1的视力一样能自如地在田基上骑单车，其残余视力也相对成年的视障人士要稳定得多。自幼低视力的儿童对助视器的接受能力较中老年的视障人士敏感，助视器对其有帮助则爱不释手，对其帮助不大会马上拒绝。

（九）常合并其他生理缺陷

在视障小儿群体中，同时伴有其他生理缺陷者并不少见，尤其是伴有智力、听力缺陷者，为视障康复增加了难度。

总的说来，儿童视障康复是综合性的，其过程更困难，耗费也较昂贵。鉴于儿童所处的年龄阶段及生长发育特征，儿童视障较成年人视障更应引起社会的广泛关注，儿童视障康复更具迫切性和重要性。

三、视力障碍对认知的影响

儿童生长发育关键期是 0~6 岁，视力障碍会导致认知和生长发育受到严重影响。人的认知过程指对作用于人的感觉器官的客观事物进行信息加工的过程。它包括感知觉、记忆、想象、言语、思维的过程。人的认知能否充分发展，会对其一生潜力的开发情况有很大的影响。

（1）因为先天性视力障碍，导致视觉刺激不足，以致患儿反应迟钝，导致患儿寻找自身的视觉刺激和产生不良行为，对儿童身心发展也有很大影响，有可能使其行为、心理发育延迟。

（2）视力障碍会阻碍患儿与家人的眼神交流，所以会影响他们生活技能的习得及与人交往能力。

（3）对于自身的残余视力无法科学地使用，不懂运用视觉技巧，导致其阅读看不清、看不全、看不快。

（4）虽然大部分视障儿童的智力水平属于正常水平，但是由于视力障碍，成绩会偏低。

（5）在儿童的视觉认知等大脑功能发育中，儿童的远视力、近视力起着重要作用，特别是近视力。在阅读、对比敏感度、理解、认识、记忆、组织等方面起着重要作用。

（6）视力障碍的儿童由于视觉的减弱或丧失，他们的活动种类以及活动范围严重受限，严重影响他们的感觉以及运动功能。

（7）未经过助视器学习和训练，不能熟练掌握助视器的技巧，导致其感知觉、记忆等严重受限，进而影响其认知发展。

视力障碍对认知有严重影响，包括记忆、思维、想象、语言等的发展，所以以视觉认知为着入点的康复与教育对视障儿童来说至关重要，提高视障儿童的认知能力，能更好地让他们适应生活，提升生活质量。

四、儿童视功能检查

检查 3 岁以下不能配合的患儿视力时需耐心引导观察。新生儿会有追随光及瞳孔对光反应；1 个月的婴儿有主动浏览周围物体的能力；3 个月时可以双眼辐辏注视手指。交替遮盖法有利于发现患眼，因为遮盖患眼时患儿无反应，而遮盖健眼时患儿会试图躲避。

（一）儿童视功能检查主要内容

1. 病史　除了望诊外，还需了解视障儿童的家族史、出生史、发育史以及药物史。

针对视障患儿问诊还应当注意询问以下两点：

（1）发育史：如果小儿在出生后或不久就能被发现患有视力障碍，则早期对小儿进行教育和康复，将会获得好的效果。

（2）药物史：小儿早期发育过程中与基础药物史有关的都要一一加以探讨。特别是要向其父母询问小儿是否为早产儿，是否有发生新生儿窒息或分娩创伤等。同时还要了解小儿是否有药物过敏及预防接种的并发症。

2. 视力检查 包括远视力、近视力的检查，采用视力表进行检查（具体方法见本小节"（二）儿童低视力检查方法"部分）。

美国眼科学会临床指南针对视障人士的远近视力检查表进行了比较。表9-2-1列出了常用的视力检查表设计的详细情况。

表 9-2-1 视力检查表

视力表	符合 WHO[*]/NAS[+] 的建议	特点/挑战
LEA 符号[5]	是	特点： ◆容易辨认的视标 ◆每行5个视标，呈现倒金字塔形排列（视力好于0.2时），视标之间成比例的空间距离，以及视标大小的级差位 0.1logMAR
Sloan 字母表[6]	是[‡]	特点： ◆容易辨认的视标 ◆每行5个视标，呈现倒金字塔形排列，视标之间成比例的空间距离，以及视标大小的级差位 0.1logMAR
HOTV	是[‡]	特点： ◆容易辨认的视标 ◆每行5个视标，呈现倒金字塔形排列，视标之间成比例的空间距离，以及视标大小的级差位 0.1logMAR
Snellen 视力表 170	否	◆视标不都是容易辨认的 ◆每行视标数不一样 ◆视标之间的排列不成比例 ◆视标大小的级差不是标准的
方向散乱排列 E 字母表	是[‡]	特点： ◆容易辨认的视标 ◆每行5个视标，呈现倒金字塔形排列，视标之间成比例的空间距离，以及视标大小的级差位 0.1logMAR 挑战： ◆需要没有被所有儿童掌握的空间定向技术

续表

视力表	符合 WHO*/NAS+ 的建议	特点/挑战
Allen 图形表	否	特点： ◆视标不是都是容易辨认的 ◆每行视标数是有变化的 ◆视标之间的排列不成比例 ◆视标大小的级差不是标准的 ◆视标不能被所有的儿童轻易地辨认
Lighthouse 表	否	特点： ◆视标不是都是容易辨认的 ◆每行视标数不一样 ◆视标之间的排列不成比例 ◆视标大小的级差不是标准的
Kindergarten 视力表	否	特点： ◆视标不是都是容易辨认的 ◆每行视标数不一样 ◆视标之间的排列不成比例 ◆视标大小的级差不是标准的

注：NAS=全国委员会；WHO=世界卫生组织；Sloan、HOTV 和方向散乱排列 E 字母表的设计并不符合视标之间和每行视标之间成比例的空间分布建议。

本表出自中华医学会眼科学分会组织编译.眼科临床指南.2 版.北京：人民卫生出版社，2013.

3. **屈光检查** 小瞳、散瞳验光，检影验光，综合验光。

4. **视野检查** 视野检查的方法有：对比法，平面视野计，弧形视野计，Goldmann 视野计，自动视野计，倍频视野计，Amsler 方格表，黄斑微视野检查。

5. **色觉检查** 色觉检查方法（假同色图），色相排列法（FM—100 色彩实验、D—15 色盘试验），色觉镜，彩色毛线试验法。

6. **立体视检查** 可使用 Titmus 立体视觉检查图片，随机点主题图，同视机和与计算机相连的立体视觉检查系统。

7. **对比敏感度检查** 可用 Mars 数字或字母，对比敏感度测试卡，对比敏感度测试仪检查。

8. **其他检查** 知觉运动的评估，眼压测量，影像学检查，等等。

（二）儿童低视力检查方法

由于儿童的年龄与智力发育不同，所以我们要有相对应的儿童视力检查方法。可以分三个阶段进行检查：出生~3 岁、3 岁~6 岁、6 岁之后。而分阶段的标准则取决于视力检查所用的技术。

1. **出生~3 岁** 由于两岁半以下的婴幼儿语言等的限制，所以我们不能用主观的方法来检查视力，需用客观方法检查。检查婴幼儿的视力发育情况主要通过婴幼儿的行为表现和电生理学的研究方法。目前视动性眼球震颤（OKN）和选择性观看法是目前用来测量婴幼儿视力发育的行为技术。

（1）视动性眼球震颤：婴幼儿对运动着的视觉刺激作出正常的连续、慢速的追随运动，并且会有自主、快速、重新固视的扫视运动。OKN是将一个具有黑白条栅的转鼓置于婴幼儿眼前转动，先让婴幼儿追随转动，后逆向运动，产生矫正性逆向转动，转动时条栅渐渐变窄，能使某年龄组的75%及以上的婴儿产生OKN现象的最窄条栅即是他们的视力。观察在转动鼓时，若婴儿出现双眼先是随着测试鼓顺向转动，随之骤然逆向转动的现象则称之为视动性眼球震颤。接着逐渐将测试鼓条栅变窄，直到被检婴幼儿不产生视动性眼前震颤为止，即为婴儿的评估视力。

图9-2-1　儿童视力检查－黑白条栅测试鼓

（2）优先注视法：优先注视法可查出空间辨别视力（游标视力）和分辨视力（条栅视力）。此方法包括强制优先注视法（FPL）、强化优先注视法（OPL）、Teller视力卡法（TAC）、Cardiff视力卡法（CAC）、电脑显示的优先注视法（CPL）。

（3）电生理方法：视网膜接受刺激后在大脑枕叶皮质层视觉中枢检测到的电位活动为视觉诱发电位。电生理研究婴幼儿视力发育，主要是使用图形刺激，来诱发电位。电生理的研究说明婴儿的视力从出生就开始发育，并且VEP视力在6~8个月是已接近成年人。

（4）普查方法：由于该年龄段的孩子语言缺乏，通常采用TAC法进行视力普查，但其假阳性率较高。

2. 3岁~6岁　3岁以后正常发育的儿童就可查主观视力了，并且可以使用不同视标进行检查，其中有Landolt C、HDTV视标字、Lea Symbols图形视标和E字视标。通过视力表进行视力检查，可以检查出儿童的视力。

游标视力的检查，婴儿一般使用优先注视法，稍大的儿童可使用强化优先注视法和心理物理学方法。但是不管怎样，视力都是由垂直排列的视标组成，而相互间有错位，能分辨的错位最小值就是他的游标视力。

3. 6岁以后 正常生长发育的儿童6岁以后就可以使用Snellen字母视标检查视力。其远视力和近视力都可用成行的视标检查。

不同年龄的心理发展、认知水平、智力发展的情况不同，所以检查视力，应根据不同的年龄特点来选择相应的方法来检查视力。低龄儿童欠配合或语言交流的限制增加了低视力检查的难度，因此检查范围受限，对儿童的视功能多是间接性判断，特别是婴儿的视功能评估结果。因此有诊断价值的依据就需要医务工作者专心细致的发现、搜集和捕捉每一个细节的信息。

（三）儿童低视力检查的特点

1. 低龄儿童 低视力检查结果受到语言、活动、认知水平、智力水平的限制，所以结果假阳性率较高，但可以提供参考的价值。

2. 稍大的儿童 由于受到眼病的影响，对照明的要求、颜色的偏好以及对比度的选择都不相同，所以低视力检查应充分考虑儿童低视力的病因及其特点。这样检查结果才能更准确。

五、儿童视障早期筛查流程

1. 早期筛查的内容 儿童健康检查应对0~6岁的儿童进行眼外观检查，并且对4岁及以上的儿童应增加视力检查。

如果可以的话也可增加与儿童年龄相适应的其他眼病筛查及视力评估：当小孩满月访视时应进行光照反应检查，便于发现眼部结构是否异常；3月龄的婴儿应进行瞬目反射检查以及红球试验检查，便于评估婴儿的近视力以及注视能力；6月龄的婴儿应进行视物行为观察以及眼位检查；而1~3岁的儿童应进行眼球运动检查，以便于评估儿童是否为视力障碍儿童和发现是否有眼位异常。

2. 早期筛查的方法（检查方法）

（1）眼外观：观察眼睑有无肿物、炎症、缺损，眼睫毛是否有外翻或内翻，两眼是否大小对称等；结膜是否有充血，结膜囊是否有分泌物，是否持续溢泪；角膜的形状是否为圆形并且透明；瞳孔是否呈圆形、两眼对称、位置居中、外观为黑色。

（2）光照反应：检查者把手电灯迅速移动到婴儿眼前，照亮瞳孔区，且多次重复，两眼观察分别进行，如果婴儿有反射性闭目动作出现则为正常。

（3）瞬目反射：检查者用手或大物体在被检者眼前快速移动，不接触被检者，被检者处于顺光方向。当婴儿立刻出现反射性、防御性的眨眼动作则为正常。如果3月龄不能完成，6月龄需继续进行此项检查。

（4）红球试验：在婴儿眼前20~33cm距离处将直径为5cm左右的具有鲜艳色彩的红球进行缓慢移动，可重复两三次。如果婴儿出现短暂寻找或者是追随注视红球的动作则为正常。

（5）眼位检查：把手电灯放在儿童眼正前方33cm的地方，争取吸引儿童注视光源；再用遮眼板分别遮挡儿童的左眼、右眼，观察眼球是否有上下或水平移动。健康儿童在两眼注视光源的时候，瞳孔中心有一个反光点，分别遮盖的时候左右眼没有明显的眼球移动。

（6）眼球运动：从儿童的正前方，分别向上下左右四个方向缓慢移动手电灯。健康儿童两眼在注视光源的时候，两眼能同时向同方向平稳移动，且反光点一直保持在瞳孔中央。

（7）视物行为观察：询问家长在视物时儿童有无异常行为表现。

（8）视力检查：使用视力表检查儿童视力。

表9-2-2 与年龄相适应的儿童视觉筛查方法和转诊标准

方法	转诊的指征	建议的年龄				
		新生儿~6个月	6个月至直到儿童能合作进行主观的视力检查	3~4岁	4~5岁	5岁后每隔1~2年
红光反射试验	缺如、白色、发暗、混浊或不对称	◆	◆	◆	◆	◆
外眼检查	结构异常（如上睑下垂）	◆	◆	◆	◆	◆
瞳孔检查	形状不规则、双眼大小不对称、对光反应不灵敏或不对称	◆	◆	◆	◆	◆
注视和跟随	眼球不能注视和跟随	>3个月婴儿可合作	◆			
角膜光反射	不对称或偏位		◆	◆	◆	◆
器械为基础的筛查*	不符合筛查的标准		◆	◆	◆	◆
遮盖试验	再次注视运动			◆	◆	◆
远距离视力+（单眼）	任意一眼为0.4或更差			◆	◆	◆

续表

方法	转诊的指征	建议的年龄
	任意一眼为 0.5 或更差	◆ ◆
	在 0.7 一行的 5 个视标中只看到 3 个或以下，或双眼视力相差两行	◆

注：这些建议是基于专家委员会的共识而提出的。如果筛查不能做出结论或者不满意，应当在 6 个月内再次检查儿童。如果再次检查时还是不能做出结论或者不能够进行再次检查，就要转诊去做综合眼部评估的指征。

* 在能够可靠地参与以器械为基础的筛查的儿童中，主观视力检查是可以施行的检查。对于幼童和发育迟缓的人来说主观视力检查是有用的。

+ 最好的视标为 LEA 符号 (Good Lite Co., Elgin.IL)、HOTV 和 Sloan 字母。

本表出自中华医学会眼科学分会组织编译. 眼科临床指南. 2 版. 北京：人民卫生出版社，2013.

表 9-2-3　证据分级

视觉筛查应当在儿童期的早期以及整个儿童期定期施行。视觉筛查的内容依据儿童的年龄和合作的程度而有不同。 （中等质量证据，强烈的建议）
视力表上的视标的选择和排列（字母、数字、符号）能够明显地影响所得到的视力记分。最佳视标是标准化的和得到确认的。 （高质量的证据，强烈的证据）
采用单个视标进行的视力检查有可能高估弱视患者的视力。通过呈现一行视标，或者采用单个视标进行检查时将所要辨认的视标周围围绕（或排列拥挤）拥挤的条形时，可以获得更为准确单眼视力的评估。 （高质量的证据，强烈的证据）
给予儿童的屈光矫正的处方应根据下列指南（表 9-2-5）。 （低质量的证据，自行决定使用的建议）

本表出自中华医学会眼科学分会组织编译. 眼科临床指南. 2 版. 北京：人民卫生出版社，2013.

3. **检查时间**

（1）健康儿童在出生后 28~30 天应当进行首次眼病筛查，之后在 3 月龄、6 月龄、12 月龄、2 岁、3 岁、4 岁、5 岁、6 岁进行健康检查的同时也要进行眼病筛查以及视力检查。

（2）具有高危眼病因素的新生儿，应在出生后尽早由眼科医师检查。高危眼病因素包括眼压过高、先天性白内障等。

（3）出生体重低于 2000g 的早产儿和低体重儿，应在出生后 4~6 周或矫正胎龄 32 周，则由眼科医师进行首次眼底病变筛查。

4. **眼和视力保健指导**

（1）尽早发现，及时就诊。

（2）注意用眼卫生。

(3)防止眼外伤。
(4)预防传染性疾病。

5. 流程图

表9-2-4 检查流程图

检查时间	检查内容	眼保健指导	预约和转诊
28~30天	眼外观	及时发现 眼部异常	未见异常 告知下次检查时间
	光照反应		
3月龄	眼外观		
	瞬目反射		
	红球试验		
6月龄	眼外观	注意 用眼卫生	
	3月龄未成功项目		
	视物行为观察		
	眼位检查		
1岁 2岁 3岁	眼外观	防止 眼外伤	可疑或异常 转诊并随访
	眼位检查		
	眼球运动检查		
	视物行为检查		
4岁 5岁 6岁	眼外观	预防 传染性眼病	
	视力检查		
	眼位检查		
	眼球运动检查		

如果对学龄前儿童及学龄初期儿童进行筛查，尽早发现眼部疾病，许多眼病是可以治疗的。而且许多眼病与家族史有关，所以应着重筛查高危婴儿及儿童。必要时，筛查者应把高危婴儿及儿童转诊给眼科医师进行进一步的眼科评估。

六、儿童视障康复特殊性

当眼部检查是正常或只涉及屈光不正矫正的时候，而且儿童也没有发生眼病的危险因素时，眼科医师应当向患儿和其父母或监护人再次确定评估结果，并建议在适当间隔时间后重新检查。如果确定没有必要进行再次检查时，当有新的眼部症状、体征、或发生眼病的危险因素时，患儿应当去医院进行综合眼部评估。应当继续进行定期的视觉筛查。

当病史显示有发生眼病的危险因素，或者检查发现异常情况的潜在体征时，眼科医师应当对每个儿童根据检查的发现和儿童的年龄确定进行适当的治疗和处理计划。如果儿童以综合眼部评估作为常规随诊，那么定期的视觉筛查就可以中断。

当有眼病时，应当制订治疗和处理计划，可能涉及观察、配眼镜、眼部滴药或全身给予药物、遮盖疗法、眼部运动训练和（或）手术治疗。如有适当时机，眼科医师应当与患儿的父母或监护人、患儿以及患儿的初级保健医师或其他专科医师交流检查的发现和进一步评估、检查、治疗或随诊的需要。可以提出进一步评估或转诊给其他专科医师的劝告。

（一）原发病的治疗

主要包括药物，手术，屈光矫正，弱视治疗等。

表 9-2-5 婴儿和幼儿屈光矫正的指南

情况		屈光不正（屈光度，D）		
		年龄<1岁	年龄1~2岁	年龄2~3岁
屈光均衡（双眼屈光不正相似）	近视眼	-5.00 或以上	-4.00 或以上	-3.00 或以上
	远视眼（无显性斜视）	+6.00 或以上	+5.00 或以上	+4.50 或以上
	远视眼合并内斜	+2.50 或以上	+2.00 或以上	+1.50 或以上
	散光眼	3.00 或以上	2.50 或以上	2.00 或以上
屈光参差（无斜视）*	近视眼	-4.00 或以上	-3.00 或以上	-3.00 或以上
	远视眼	+2.50 或以上	+2.00 或以上	+1.50 或以上
	散光眼	2.50 或以上	2.00 或以上	2.00 或以上

注：上述这些数据是由专家的共识而产生的，只是以专业经验和临床印象为基础的，这是因为缺少有力的科学资料来作为指导。目前仍然不知道准确的数据，而且在不同年龄组中也有差别；它们是一般的指南，必须根据各个患者的情况进行修改。没有提供给年长儿童用的特殊指南，这是因为屈光矫正是由屈光不正的严重程度、视力和视觉症状来确定的。

*如果儿童有斜视，矫正屈光参差的阈值应当降低。这些数值代表了进行快速屈光矫正的双眼之间屈光不正的最小程度的差别。

本表出自中华医学会眼科学分会组织编译.眼科临床指南.2版.北京：人民卫生出版社，2013.

（二）视障儿童视觉康复训练

视障儿童视觉康复训练，也称功能性视力训练，指为了特殊目的而使用残余视力，包括定位注视训练、视觉搜寻训练、视觉跟踪训练。我们应鼓励儿童尽自己所能去利用残余视力。视障儿童应该尽快通过助视器使用其残余视力，儿童用眼频率越高，其视觉功能发育得越好。对视障儿童进行视觉康复训练时，我们可以参考普通儿童视觉技能发展的顺序，设计一些有趣的活动开展训练，帮助视障儿童形成基本的视觉技能。我们根据视障儿童的年龄特点，选择不同的视觉康复训练及视障辅具适配。

1. **视障婴幼儿时期**

1~3月：光感知、光定位、光的追踪、物体感知、物体追踪。

4~12月：光的追踪、物体追踪、手眼协调。

1~3岁：手眼协调、实物匹配、空间关系、细节匹配、视觉识别、部分与整体的关系。

2~4岁：实物匹配、细节匹配、视觉识别、部分与整体的关系、图片匹配、图片识别。

3~5岁：图片识别、部分与整体的关系、书写准备、图形与背景、视觉闭合。

4~5岁：轮廓匹配。

5~6岁：轮廓匹配、轮廓识别、书写。

7岁：书写。

当一个年幼儿童被诊断为双眼视力障碍时，应将其纳入早期康复项目。此项目是对家庭支持性的项目，它能为儿童提供重要的激励，提供有效康复的想法。为儿童进行学习提供前期的安排。随着视障婴幼儿年龄的增加，视觉康复训练逐渐转化到围绕学习和日常生活上。

2. **学龄期儿童**　对于视力障碍的儿童，教育可能会出现特殊挑战。需要视觉康复临床团队和视觉康复资源的教师或顾问共同合作提供视行为的评估，以及对所应用的器具、康复训练做出建议和调整。在低年级，儿童用比正常情况下较近的聚焦距离，能够观看印刷字的大小。配戴高度近视屈光矫正镜的儿童喜欢从他们的眼镜顶部或摘下眼镜来阅读小号印刷字。当儿童升到较高年级时，印刷字的大小可能太小而使他们不能容易和有效地阅读，可能需要音频书、大号印刷字、双焦点眼镜、视频放大器或光学放大镜辅助。一般地说，数学课本需要增大，因为数字符号的字体是小号的。

对于视力障碍的儿童来说学习写字是一个挑战。他们可能发现用黑色签字笔（毡尖笔）要比铅笔书写容易一些。所用的纸应当有粗的和高对比度的线条，用来作为书写的引导。当儿童倚靠在写字桌上进行阅读或书写时，一块带有斜坡的板可以改善姿势。应当鼓励尽早使用计算机键盘，以便更好地使用计算机，一些视力障碍的儿童最好应用可以显示大号印刷字的计算机键盘。对于视障儿童，教室或家里备有的电子阅读器、书板、笔记本电脑以及视频放大器是重要的工具。严重视力障碍的儿童要学习盲文来获取知识，成为一个有文化的人。新的盲文可以是有效地应用计算机的一部分。

不同儿童的需求是不同的，建议所制定的个别化教育计划（IEP）要有利于与每个儿童视觉需要相适应的教育环境。有关残疾人法令要求学校提供对儿童"最低限制环境"的教育。眼科医师、视觉康复临床医师和家长都需要为儿童获得有利于学习的教育适应性、健康的伙伴关系、有机会参与促进儿童社交和感情生长及发育的体育活动而呼吁鼓吹。

3. 青少年时期 应给较高年级的学生提供充分的技术训练，如使用手机、使用计算机、光学特征的识别，以及 GPS 技术的应用。

儿童的视觉康复决定于年龄、视力障碍的性质和程度以及其他并发的残疾。视力障碍的儿童有其个人的需求，典型的情况下需要在教室的环境内进行多方面的适应。眼科医师能够提供视力障碍程度和视力下降原因的书面文书。眼科医师、视觉康复临床医师和特殊教育老师的联合努力都能够对改变学校环境，有利于学习做出贡献。有计划的随诊可以解决随后的每个发育时期的需要，确保眼镜的矫正是准确的，能提供儿童特异的视力障碍的原因和处理的新信息，对个别化教育计划（IEP）的修改做出建议，允许引入新的技术，鼓励儿童自我鼓励自己，持续地支持家庭。

（三）视障辅具适配

随着视障儿童康复与教育结合，儿童视障辅具的适配应用也显着日益重要，在没有经过严格及科学的训练之前，患儿对助视器是不乐意接受的，让视障儿童喜欢使用助视器成为视障儿童康复的关键。因此我们既要向视障儿童及家属介绍各种助视器的功用、优缺点，更要为他们适配合适的助视器及安排相应的使用技巧训练。

1. 光学助视器（远用、近用）

（1）原理：利用凸透镜或光学系统的放大作用，使物体成像变大。

（2）优缺点：①远用：能使远处目标放大，提高视力，但视野明显缩小，不能行走，只能静止状态下使用。②近用：有固定或恒定的放大作用，视野较大，但使用时工作距离近，景深焦距短，阅读速度慢，书写操作困难。

由于儿童具有较强的眼调节力，因此，选用光学助视器时应注意保持颈项直立，以免长期不正确姿势导致颈椎受损，也可使用阅读架来调整。

2. 电子助视器

（1）原理：通过电子设备（如摄像机）将要看的资料传送到电视屏幕上并放大，用以看书、看报、写字、画图、可与电脑相连，进行各种电脑操作。

（2）优缺点：①优点：对于视力有严重损害者，一般光学助视器无效，使用电子助视器最为适宜，它的优点是放大倍数高，视野大，可长的阅读距离，有图像背景、对比度的改变。②缺点：由于电子助视器互动性强，儿童易接受，爱使用，但操作步骤较为复杂，注意电子助视器的防护。

3. 其他助视器 包括防眩光眼镜及非视觉性辅助设备等。

另外，对视障儿童的视觉训练，家长应鼓励儿童要有耐心，并持之以恒。

（四）视障儿童的生活技能康复训练

视障儿童常常由于缺乏视觉经验或视觉经验不足，无法理解常见的简单事物。我们发现，有的视障人士虽然有残余视力，也有辨认颜色的能力，却不认识颜色；还有的视障人士对简单的事物如电话、汽车、常吃的蔬菜水果都不认识。这说明视障人士存在认知问题，在日常生活技能方面存在障碍。

因此，对视障儿童进行日常生活技能训练，主要是要加强其对日常事物的认知，并着重训练使其达到该年龄段正常儿童能够掌握的个人自理能力，如洗漱、穿衣等。

加强儿童患者的生活认知能力，各种蔬菜水果是最常见也是最有效的训练材料。例如：让视障人士观察橙子，从颜色、形状、触觉、嗅觉、味觉等多种感官认识橙子，同时教会橙子相应特点的概念，如什么是黄色、什么是圆形、什么是甜的等等。

在日常生活中，只要善于利用身边触手可及的物品，就能随时对视障人士进行视觉训练，培养视障人士用眼观察的习惯、锻炼他们的用眼能力，丰富和积累视觉经验、生活常识，还可以帮助他们形成概念、促进其思维和认知的发展，是非常有效的生活化训练。久而久之，他们视觉能力、视觉经验和生活经验都将得到极大提高和丰富。

教授视障儿童生活技能的方法，将每个日常生活技能拆分为详细的步骤，按一定的逻辑顺序去教授（如顺序或逆序），主要倚仗口头的讲解、仔细描述每一个动作、示范给视障儿童看、让他自行尝试做一做，有需要的时候可以手把手的指导。在这个过程中，可根据患者的能力和需要提供不同程度的提示或帮助（只给予最必须和最低程度的帮助，并逐渐减少，使患者能够逐步独立完成动作）。

（五）视障儿童心理康复

1. **临床医生**　给予验配合适的助视器，训练儿童使用助视器，使之能更好地使用残余视力，与正常儿童一起接受教育——随班就读；

2. **家长**　家长应掌握低视力患儿视觉残疾的心理反应；家长应了解自己在低视力患儿就诊中的作用；家长应掌握使用助视器的方法；家长应对低视力患儿进行特殊训练指导。

3. **教师**　注意儿童生活、学习方面问题，耐心教导，重视心理教育，提高自身能力，增强自信心。

4. **社会**　多一份关爱，加大康复服务投入力度，增加在社会各层面对弱势群体的关怀视力障碍。

七、视障康复与医教结合

(一)儿童视障的教育康复

视障儿童的教育问题其实属于特殊教育,它既不同于普通教育,又不同于盲童教育。在发达国家已经认识到视障儿童需要特殊的教育方式和适宜的教学材料才能达到教育康复的目的。所以他们认为视障儿童应该进入普通学校和正常儿童一起接受教育。但是,孩子间差异较大,要根据他们的情况来提供适合他们的仪器、设备和个别服务等。因为视障儿童是儿童的一部分,所以他们的教育计划应尽可能的和普通儿童一样,但视障儿童需要更多适应性课程来促进他们发展。同时,有的视障儿童不仅是视力残疾,还存在其他感觉等方面的残疾,所以视障康复教育应符合社会要求以及儿童的文化需求,同时还要与经济相协调。主流是通过为视障儿童验配合适的助视器,对其进行特殊教育,训练其正确、有效的使用助视器,让他们能够进入普通学校接受教育。

1. 特殊教育教师的特殊帮助与指导 视障儿童在普通学校学习需要特殊教育教师帮助学习,而在普通学校普通儿童是通过眼睛来学习各科课程的,这对于视障儿童来说无疑是一种挑战,而普通学校的教师往往会认为是智力或其他原因导致的学习成绩低下,而忽略了视障儿童的视力残疾。而且视障儿童需要辅助设备进行学习,而普通学校教师往往没有熟练的技巧引导视障儿童使用,所以特殊教师的指导是非常必要的。

2. 促进视障儿童使用视力 使用对比度强的表达方式来表达,比如白底黑字、黑底白字等。给视障儿童一个适宜他们的位置,调整桌子或阅读架的距离以及角度,使他们学习更舒适,寻找最舒适的学习位置。使用助视器,让他们充分使用自己的残余视力。对教学工具、教学材料等进行调整,促进儿童使用残余视力。

3. 座位安排 对于不同眼病的视障儿童,他们的旁中心注视点不同,有的甚至有代偿头位,需要安排在教师不同的位置来满足视障儿童的特殊需求。

4. 照明 不同眼病的视障儿童对照明要求也不同,有的喜欢强光,有的喜欢弱光,所以对他们的照明安排应符合他们的特殊需要。

5. 视觉与听觉训练 视觉和听觉都是人体接受外界信息的重要感觉之一,因此视障儿童的残余视力与听觉的训练是不可缺少的,对于他们学习、生活等都具有重要意义。

目前我国许多视障儿童在盲校学习盲文,接受的信息量少,而且由于视障儿童尚有残余视力,他们反而没有视障人士学得好。但是在国外,视力障碍儿童除接受其所居住的社区内的普通教师的指导外,还可得到受过专业培训的特殊教师的指导。根据近年来教育理论及一些发达国家的实际情况来看,让视障儿童进入普通学校随班就读学习,更好地融入社会成为各国视障特殊教育的方向。

（二）儿童视障康复的医教结合

提供专业服务。视障儿童可在普通学校就读，也可在特殊学校或中心学习，在特殊学校有专业训练的教师教学和合适的教学设备和材料帮助。

1. 视障教育的必要性　在世界卫生组织的评估中发现：全世界有近600万个视力残疾的学龄前儿童及学龄儿童，这些孩子大多生活在发展中国家，目前10个人中仅有1个人可有受教育的机会。

专家认为导致这种情况发生的原因：

（1）训练有素的教师和特殊教育形式的教材和设备严重缺乏；

（2）缺乏对盲童和视障儿童的早期认识、转介和干预；

（3）家长、儿童和社会缺失获取教育的权益意识；

（4）合适的公共政策缺乏以及宣传有限。

2. 视障教育可以做什么

（1）创造意识：许多社区及家庭、医疗保健专业人士及教育工作者都没有认识到，顺利完成学业视障儿童也是可以做到的。在以社区为基础的项目中，必须把教育作为重要组成部分，且需要引导残疾学生融合需求以及建立家长支持组织。

（2）人力资源培训及材料：在一些国家，教师如果得到合格的短期视障教育的培训，大部分视障儿童可以在当地的学校受教育。但这些教师需要得到一些教学设备：如盲文打字机等；而视障学生必须有一些相关的学习工具：如写字板和手写笔等工具，还应当包括适合不同年龄的盲文材料、听力教学材料，或者大字课本以及助视器和低视力相关设备。

有的学生，特别是多重残疾的学生，可进到有特殊设备及材料的特殊教育学校或资源中心。学生的综合康复需求需要多学科成员的帮助，多学科成员包括普通学校教师、特殊学校教师、医师、治疗师、定向行走教师、残联工作者等。这些都作为普通学校的资源中心。

特殊教育教师培训除了短期的低视力设备和教材的使用培训外，还包括儿童视力障碍教育的各种学科课程培训。如果在一些国家没有这方面的教育，特殊教育教师则可以通过资格证考试或者在大学接受相关课程的培训来实现。

3. 视障教育的效果　评估视障儿童教育成功的标准如下：

（1）学龄视障儿童的在校比例。

（2）学生获得专业服务的专业性、教学材料的多样性和设备程度。

（3）学生获得初级的教育程度和中等的教育程度。

（4）女孩以及农村合并其他残疾的视障儿童获得教育的人数。

（5）在普通学校需要康复训练的随班就读的视力障碍人数的比例。

（6）提供随班就读的学校的数量。

联合国、世界银行和全民教育机构1990年倡议活动目标是对所有儿童、青年和成年提供优质的基础教育。全民教育机构的目标，强调全球普及初等教育，应该与联合国千年发展目标一样，要在2015年与消除全球贫困的同时一起实现。国际视力障碍教育委员会（ICEVI）和世界视障人士联盟提议在2006增加对视障儿童的教育机会。

八、低视力与弱视

由于在社会上往往把低视力与弱视混淆，因此在这里把弱视的相关概念进行进一步说明。根据2010年中国医学会眼科分会的最新定义，弱视主要指在眼球、视通路没有明显器质性病变情况下，最佳矫正视力达不到和发育期相符的视力值的功能性疾病。弱视治疗的关键为准确验光，儿童还需散瞳验光，配戴合适的眼镜，在此基础上进行治疗。要注意儿童视力发育的特点。

治疗方法主要为：

1. 传统遮盖法和精细目力家庭作业 遮盖视力好的眼睛，强迫弱视眼（视力差的眼）视物，同时做精细目力家庭作业，如用弱视插板进行训练，刺激视神经系统的发育，使弱视眼视力提高。本法简单易行，适用于斜视性弱视和屈光参差性弱视。

2. 视刺激疗法（即CAM刺激仪） 利用反差强，空间频率不同的条栅可作为刺激源来刺激弱视眼来提高视力。此法简便易行，每次治疗时间短，见效快，尤其适用于屈光不正性弱视，其它还有压抑疗法，后像疗法等。

除此之外，所有儿童均在3岁左右详细检查视力是发现弱视的最佳方法。一般而言，父母发现孩子看书写字时两眼离书本太近；看人物时有无一眼注视，另一眼偏斜；看人时歪头等情况，都应到正规医院进行眼部检查。弱视若发生在视觉发育敏感期则为可治愈性疾病，超过12岁则难以治愈。儿童的弱视如不及早地发现和治疗，将会导致单眼或双眼视力低下，严重影响双眼视功能，导致融合消失，今后将无法胜任成年后的驾驶、测绘及精细工作。

思考题

1. 儿童视障特点是什么？
2. 儿童视障康复相关特点有哪些？
3. 儿童低视力如何筛查？

第十章

老年视障康复

>>> **本章要求**

1. 掌握年龄与视力障碍的关系。
2. 掌握老年视障眼病的康复特点。
3. 熟悉老年视障特点。

第一节　概述

随着科学技术和生活水平的提高,老年视力障碍作为老龄社会发展的重要问题,越来越得到世界各国的重视。老年视障康复就是要减少视力障碍对其生活功能的影响,使他们能保持独立的、健康有效的活动,并且获得较高的生存质量。

一、老年视障流行病学特点

目前,预计至2025年全球老年人口总数将达到12亿,并且正在以比总人口增长速度快得多的速度递增。我国老年人口将上升到27.4%,达到老龄化高峰期。老年视障问题将成为困扰世界各国发展的主要民生问题,大约有70%的视障人士生活在发展中国家,而我国作为世界上最大的发展中国家,也是世界上老年人视障人士最多的国家之一。

在国外,视力障碍的患病率也随着年龄的增长而增加,老年人视障人士的发病率也比较高,在发达国家,视力残疾者约占总人口的1%,其中低视力患病率为0.8%~0.9%,60岁以上视障人士占70%~75%。视力障碍在美国等西方国家已经被列为继关节炎和心脏病之后在日常生活中需要求助的慢性疾病。导致视力障碍的眼病发达国家以糖尿病性视网膜病变和老年性黄斑变性最为常见,而在发展中国家以白内障最为常见。

我国对158万人口进行视力残疾抽样调查,用WHO定义的低视力和盲的标准对60岁以上老年人进行统计后,共查出60岁以上老年人盲患病率为3.46%,低视力的患病率为4.31%。盲和低视力之比为1:1.33,视力残疾率达到了7.77%。在抽查的15933名老年视障人士中，有望通过治疗来恢复视力的人数占 66.44%，需要进行康复治疗的占 29.35%，情况不明者占 4.21%；我国不同地区老年人视力障碍的患病率存在着较大的差异，视力残疾患病率随着年龄的增长在不断地提高。

因此，如何做好老年人视力障碍康复工作，提高老年人的生活质量，是我们全社会将要面临的严峻挑战。

二、老年视障常见病因

视力障碍最常见原因是白内障、黄斑变性、屈光不正、青光眼和糖尿病视网膜病变。导致视力障碍的病因较多，在不同的年龄段中，导致视力障碍的原因也有所不同。2006年在我国第二次残疾人抽样调查中，白内障、视网膜病变及角膜病的患病率，位列前三位。我国是世界上近视人数最多的国家，而高度近视容易出现黄斑变性、出血和视网膜脱离等并发症，也是视力障碍常见眼病之一。

据研究调查发现，在我国，年龄 40~49 岁受试者中，最常引起视力障碍或盲的病因为病理性近视；在 50~59 岁的受试者中，最常见的原因为白内障，其次是病理性近视；在 ≥ 60 岁的受试者中，最多见的原因为白内障，其次为病理性性近视、青光眼和黄斑变性。我国近些年来，由各级残疾人联合会和各卫生部门开展的消除白内障的慈善行动中，在一定程度上改善了我国视力障碍人群，特别是老年视障人士的人群，这是一项能够有效减少视力障碍患病率的创举。随着社会经济的发展及人口老龄、人均寿命的延长，青光眼、糖尿病性视网膜病变、黄斑变性将成为老年人视力障碍的主要危险病因。因此，我们将老年视障常见疾病及视障康复处理介绍如下。

1. **病理性近视**

（1）定义：病理性近视是一种遗传性常眼病，视力不易矫正，屈光度进行性加深、眼轴不断增长、眼内容和视网膜脉络膜组织进行性损害引起视功能障碍为特征的眼病。

（2）特点：发生年龄较早且进展很快，25 岁以后继续发展，近视度数可超过 6D 以上。除远视力差外，还常伴有夜间视力差、飞蚊症、漂浮物、闪光感等症状，还可发生不同程度的眼底改变。除此之外，病理性近视会出现各种不同的视野缺损和对比敏感度明显下降的情况。

（3）处理：①进行屈光矫正，提高视觉质量。②助视器使用训练；改善照明、提高对比度。

2. **葡萄膜炎**

（1）定义：目前通常将发生于葡萄膜、视网膜、视网膜血管以及玻璃体的炎症通称为葡萄膜炎。

（2）特点：按解剖位置可将葡萄膜炎分为前葡萄膜炎、中间葡萄膜炎、后葡萄膜炎和全葡萄膜炎。多发于青壮年，易合并全身性自身免疫性疾病，常反复发作，可引起一些严重不可逆并发症，甚至致盲。

（3）处理：①药物治疗及适当时机通过手术来提高视力。②照明和助视器使用及训练。

3. 白内障

（1）定义：表现为多种因素导致晶状体蛋白发生变性，形成混浊。

（2）特点：晶状体周边部的轻度混浊不影响中心视力；而中央部的混浊则严重影响视力，在强光下瞳孔缩小导致进入眼内光线减少，视力下降明显，会出现屈光不正。对比敏感度下降尤为明显，畏光、眩光、色觉改变和程度不等的视野缺损等症状。

（3）处理：①晶体摘除及人工晶体植入术可使视力恢复正常。②使用滤光镜和太阳镜提高对比度、消除眩光；放大和改善照明；非光学设置如大字体印刷的阅读材料可满足患者的阅读需求。

4. 青光眼

（1）定义：这是一组以特征性视神经萎缩和视野缺损为共同特征的疾病，病理性眼压增高是其主要危险因素。

（2）特点：分为开角和闭角型，病理性眼压增高。旁中心暗点，弓形暗点，鼻侧阶梯和颞侧楔形缺损，并随着病变的恶化而逐渐增大，最后出现管状视野甚至失明。

（3）处理：①药物治疗及光动力学治疗。②可以用三棱镜、反置望远镜、取景式助视器等扩大视野；也可以结合扫描视和定位视来提高功能性视力；放大和照明；滤光镜对患者视功能改善均有帮助。

5. 年龄相关性黄斑变性

（1）定义：黄斑部萎缩性病变（干性年龄相关性黄斑变性）或新生血管病变（湿性年龄相关性黄斑变性）。

（2）特点：多为 50 岁以上，双眼先后或同时发病，视力进行性下降。其中，干性（萎缩性）黄斑变性视力多高于 0.05，湿性（渗出性）黄斑变性则多低于 0.05。常合并视物中央变形，中心暗点及色觉异常。

（3）处理：①药物治疗及光动力学治疗：抗新生血管药物眼内注射及光动力学治疗。②优先视网膜注视点训练，照明和助视器适配，滤光镜防眩光、增加对比度，未来植入型微型助视器。

6. 糖尿病性视网膜病变

（1）定义：糖尿病引起视网膜微循环异常，导致视网膜缺血缺氧和新生血管形成，后期导致慢性黄斑囊样水肿和新生血管增殖性病变引起的玻璃体积血和牵拉性视网膜脱离。

（2）特点：糖尿病最严重的并发症之一，是造成视力下降甚至失明。局部的出血、渗出及无灌注区可能引起视野受损。早期无自觉症状但随着病变发展，可引起不同程度的视力障碍、视物变形、眼前黑影飘动和视野缺损等症状，最终导致失明。

（3）处理：①应早期诊断和正确治疗糖尿病视网膜病变，控制血糖、血压及血脂。②滤光镜防眩光、增加对比度，照明和助视器适配，视觉康复训练。

7. 视网膜静脉阻塞

（1）定义：视网膜中央静脉或分支静脉阻塞的视网膜血管病。

（2）特点：视力不同程度下降，静脉阻塞引起出血及渗出有时影响中心视力和导致周边视野缺损。

（3）处理：①药物处理，激光治疗等其他手术处理。②运用反置望眼镜、三棱镜来扩大视野，优先视网膜注视点训练，助视器适配及照明。

8. 原发性视网膜色素变性

（1）定义：这是一组遗传眼病，属于光感受器细胞及视网膜色素上皮（RPE）营养不良性退行性病变。

（2）特点：临床上以夜盲、进行性视野缩小、色素性视网膜病变和光感受器功能不良（ERG检查）为特征。通常儿童或青少年期起病，双眼发病，逐渐加重后失明。视野丧失始于中周部，向前后发展，形成圆形视野缺损。

（3）处理：①药物处理营养神经。②屈光矫正，倒置望远镜、三棱镜、取景式助视器扩大视野，滤光镜防眩光，远近助视器适配和照明。

9. 视神经疾病

（1）定义：视神经疾病包括视盘至视交叉以前的视神经段的疾病。

（2）疾病特点：主要有炎症、血管性疾病和肿瘤；视神经炎视野检查常为视野中心暗点或视野向心性缩小；前部缺血性视神经病变视野缺损表现常与生理盲点相连的弓形或扇形暗点；垂体肿瘤和视神经肿瘤导致视野象限缺损或周边视野缩窄；视盘水肿有生理盲点扩大，慢性视盘水肿发展至视神经萎缩时，视野有中心视力丧失以及周边视野缩窄，特别是在鼻下方。

（3）处理：①药物处理营养神经。②矫正屈光不正，放大和照明有助于阅读，周边视野缩窄可以运用反置望眼镜、取景式助视器来扩大视野，偏盲可以通过三棱镜来偏转视野。

10. 眼外伤

（1）定义：由于眼的位置暴露，即使"轻微"的外伤，也可能会引起严重后果，为单眼失明主要原因。

（2）特点：眼外伤按致伤原因的分类可分为机械性和非机械性两类，前者包括钝挫伤、穿通伤和异物伤等；后者有热烧伤、化学伤、辐射伤和毒气伤等。外伤后的并发症，如眼内炎症、感染、细胞过度增生，可造成更大危害。

（3）处理：①正确的诊断、初期手术和后续治疗对挽救伤眼极为重要。②屈光间质的混浊，可以通过手术来提高患者的视力。③有残余视力的患者则屈光矫正、助视器适配和照明来提高功能性视力。

第二节　老年视障康复措施

老年视障人士将会因为视力障碍而出现阅读困难、行走困难、定向定位障碍甚至出现跌倒等损害到全身健康的情况。由于大部分老年视障人士还未能找到正确的康复方式，导致他们不能独立生活或工作，给社会和家庭带来了沉重负担。老年视障康复也存在着不同的康复特点。

一、老年视功能生理特点

老年人的视障问题不仅与其各种眼病所致的视力障碍有关，而且与其年龄带来的生理问题有密切关系。

1. 老视　指随着年龄的增长所致的晶状体生理性调节能力下降，导致近点远移。即读书、看报、写字等近距离的注视目标需要放远，才能看清楚。

2. 色觉异常　随着年龄的增长有的老年人会出现一个小的蓝色中心性暗点，在分辨蓝黄色时会出现困难，以致于老年人在看蓝色会觉得暗一些，不过一般情况下不影响他们分辨交通信号灯的能力。

3. 眩光　指局部区域突然增加光线照射对视网膜成像造成干扰，引起视觉分辨力及舒适感下降，可造成头晕等症状。老年人出现眩光的恢复时间较年轻人要长得多，例如用手电照眼后看近视力表，老年人需要更长的时间才能看清近视力表。

4. 明及暗适应能力下降　明适应是指从暗处到亮处，特别是强光下，最初的一瞬间会感到光线刺眼发眩，几乎看不清外界事物，几秒钟之后逐渐看清物品的过程；暗适应是指从亮处到暗处，人眼对光敏感度逐渐增加，约30分钟达到最大限度的这一个过程；而明和暗适应下降会给夜间生活带来一系列的影响，特别给夜晚湿滑路上行走和夜间开车带来很多困难。

5. 对比敏感度下降　指分辨空间相邻区域的对比敏感度的能力改变，此时即使老年人视力很好，也常会由于不能分辨视觉区域的对比及细节，导致不能辨别目标。

老年人的视功能随着年龄的增长会出现生理性下降，不仅影响老年人的正常生活，还可能由于视功能的下降导致跌倒而致全身损害。因此，老年人或老年视障人士可以配戴灰色、黄色、琥珀色、橘黄色的滤光眼镜从而降低或屏蔽有害的光线，滤除表面反光，增加对比度，降低眩光，改善视功能。

此外，还需注意老年人视野缩小及立体感减弱等问题。

二、老年视障的特点

老年视障康复要注重的不仅是助视器的使用，更重要的是视觉康复。对老年视障人士实施视障康复训练计划之前必须考虑到眼部疾病病因及其对视力和视野的影响。各种助视器的类型和矫正强度的选择也受到眼部疾患的类型及病变程度的影响。

老年视障人士不但双眼视功能明显减退，还可能因年老尚伴有其他各种疾病，以及可能存在其他问题。

1. 老年视障人士的心理状态 因不同患者的视力障碍程度以及患者的年龄、性格、修养及遇事的应变处理能力的不同，患者对视功能下降的情绪反应也会各不相同，有的患者虽然已到低视力专科门诊或视障康复中心就诊，以求医疗之外的康复，但是他们仍然希望可以通过药物或手术进行治疗，当得知不能实现医疗康复的愿望时，会出现忧郁甚至表示出活下去没有意义等消极态度，会出现不配合视障康复工作人员为他们适配助视器，所以视障康复工作人员必须要与其家属紧密配合对患者进行心理方面的疏导，使其了解自身的病情并愿意接受帮助，这样才能进行视力康复。

2. 老年视障人士的康复需要 不同患者的文化层次不同，对视障康复的需求也不同，对一般无特殊需求的患者，也要尽量让他们能够观看电视节目，提高他们的生活质量，对于从事音乐、书法、绘画工作者要解决他们近距离工作的问题，对于知识型患者，首先应当解决阅读和书写问题。

3. 老年视、听知觉损害的问题 人们的知识大部分是通过视、听两种知觉获得的，一般情况下，当一种知觉功能减弱时，可用另一种知觉功能进行补偿。但如果视障人士同时听觉丧失，就会成为双重残疾障碍者，患者会担心自己将变得又聋又瞎，所以要和耳科医生协同处理这类双重残疾的患者，对此类患者的听力与视力进行认真评估后同时配用合适的助听器和助视器使其能够有效的利用自身的残余视力和残余听力。

三、老年视障辅助技术

对老年视障的处理有一定的的特殊性，有不少老年人除了有视觉残疾外同时还存在不同程度的全身性疾病，如全身系统疾病、关节炎、心血管和呼吸道等，所以我们在对老年视障人士所进行康复所使用的方法时，应考虑这些老年疾病的影响，特别是在进行视障辅助技术适配训练时，如选用光学助视器的类型时要视情况而定。康复的目的就是要使老年视障人士能够充分有效地利用其残余视力，尽可能恢复读、书写和独立生活的能力，要提高其生活质量，也能够减轻家属、社会的负担。

一般通过助视器的配戴以后有8%以上的人可以获得视力的改善，当前我国对老年视障人士的康复主要是依靠助视器，光学助视器和非光学助视器可以结合使用，以提高其康复效果。

1. 远用光学助视器 老年视障人士最易接受双筒眼镜式望远镜，一般是用以看清电视屏幕，而且不必用手拿。手持望远镜通常是单筒的，便于携带外出，可放大的倍率有3倍、4倍、7倍等，视障人士可以根据自身的要求选用，可用来看清路标、门牌号、识别公共汽车路线等望；望远镜式助视器优点是能使远处目标放大，是提高远视力的唯一助视器，缺点是视野明显缩小，景深短，不能用以走路。所以国内外老年视障人士选用的也比较少。老年视障人士因外出机会相对减少，选用助视器者不多。

2. 近用光学助视器 老年视障人士常选用眼镜式近用助视器，即应用高度数的凸透镜片，但当度数增加后，阅读距离会明显缩短。大多数老年视障人士也常用手持放大镜，但是神经系统损害的视障人士（如帕金森病引起手颤抖）不能使用，因为要使阅读的印刷物保持清晰，手就必须保持平稳。有许多有效的助视器可在近距离工作时选用，用于近距离工作的常规光学助视器的最高倍率一般不超过6倍，否则会出现视野缩小、工作距离过短、景深短以及光学的像差程度增大等一系列缺点。

3. 电子助视器 对知识型的老年视障人士和低视力特别严重者比较适用，其克服了高倍率光学助视器的缺点，能用电子助视器放大到6倍以上而没有任何光学变形，并且能够维持双眼单视，阅读距离可在40cm左右。电子助视器的放大倍率可以由患者选择，一般尽量用较小倍率（5~10倍）能够使屏幕上包括更多的字数来完成阅读，原则上采用能看清并完成阅读的最小放大倍率的2倍。手持电子助视器体积较小、便于携带，但视野有限，多用于近距离阅读；台式电子助视器有放大倍率较大，视野较大等优点，多为远近两用，但由于体积较大，不易移动且价格较高，暂未能普及，但可以在图书馆或老年活动中心置配。

四、老年视障与环境改善

环境改善设施是十分必要的，老年视障人士在活动时如不小心就有可能造成各种身体的创伤，特别是随着年龄增长更会增加骨折的机率。所以我们因从这几个方面来改善老年视障人士的环境。

1. 照明 老年人所要求的照明比年轻人要强，大部分老年人视障人士都要求更为良好的照明。

2. 房间陈设　要整洁、简单、对比度高,应按照一定顺序放置室内物品,减少地面障碍物以免绊倒,尽量少用小的台阶和不防滑的地面。

3. 康复训练　对老年视障人士的康复应当做一些简单的训练来提高视障人士的功能性视力。

老年视障人士的康复是多方面的,包括的范围也很广泛,首先我们要让视障人士本人及其家属充分认识到其所患的眼疾暂无任何医疗方法能够有效提高其视功能,只有接受康复训练才是唯一的选择;其次,根据患者个人情况,适配助视器;最后加强助视器使用训练,使其能够熟练应用所适配的助视设备,达到增视效果,提高功能性视力,进而增加患者对视障康复的信心,提高生存质量。总之,老年人视障人士所遇到的困难时多方面的,要帮助他们逐一解决,使其基本能够独立生活,使其能够从看电视、阅读书报等活动中获得生活乐趣。

五、老年视障与医养结合

当前我国受人口老龄化压力的影响,医养结合养老模式进入快速发展期。国务院相继出台多份文件,将"推进医疗卫生与养老服务相结合"列为加快发展我国养老服务业的重要任务。同时,"十三五"规划中也明确提出"建立以居家为基础、社区为依托、机构为补充的多层次养老服务体系,推动医疗卫生和养老服务相结合"。老年视障人士作为一个数量不断增长的群体,日益受到中国残联的关注。随着政府密集颁布的政策文件、明确的发展方向定位及具体的政策指导思路,为我国医养结合的快速发展特别是老年视障人士的医养结合问题创造了良好的制度环境。

我们应该对老年视障人士的生活和人生充实感等各个方面总体地、客观地对其生存质量进行评价,这样才能帮助我们判断疾病对个体影响的各个方面并进行预防、治疗与康复。联合国老人五项原则是独立、参与、关怀、自我实现及尊严,这些原则对于提高老年人的生存质量有着重要作用,然而在世界各国这五项原则却未能得到广泛深入的开展。老年视障人士生存质量的分析测量与视力障碍程度密切相关。世界卫生组织(WHO)对生存质量的定义是不同文化和价值体系中的个体对他们的目标、期望、标准以及所关心的事情有关的生活状况的主观体验。生存质量的概念作为一种广泛的概念,它包括患者的身体健康、心理状态、独立水平、社会关系及他们所处环境特点的关系。

同时我们还应认识到:老年视障人士生存质量是建立在一定文化价值体系下,具有文化依赖性的;是一个包括全身功能、心理功能、社会功能等方面的多维概念,具有广泛性;是被测者自己评价、自我感受的对治疗效果满意度的主观评价指标,具有主观性。

因此，这种自我评价具有社会性，是立足于文化、社会环境之中的。老年人生存质量应得到全社会的关注。视力障碍对于社会生活、家庭生活、职业及财力情况、社交及定向行走方面进行评估和测量对于老年视障人士生存质量的检测有着重要的作用。由于老年视障人士大部分还需要其他方面的保健，所以应该为患者提供全面的医疗保健。全世界对老年人视障保健工作已形成共识。但社会上仍然对老年视障康复领域存在认识不足，康复意愿不强等问题，甚至还有人误认为老年人的视障是由于年龄增加，机体衰老而引起的不可避免的后果，无法通过康复得到提高。老年视障人士基数大，致残后社会经济负担较重，因此应做到早筛查、早诊断、早预防。

虽然我国视障康复工作起步较晚，但人们也逐渐认识到视障康复的重要性。由于资金等方面的原因，对老年视障人士的重视有待提高。"医养结合"的提出推动老年视障人士生活质量的提高。医疗资源与养老资源相结合，实现社会资源利用的最大化。老年视障人士的"医养结合"包括了眼健康服务，具体有眼病诊治、视觉康复、辅助技术应用和老年护理服务等；"养"包括的生活照护服务、精神心理服务、文化活动服务。利用"医养一体化"的发展模式，集医疗、康复、养生、养老等为一体，构建把老年视障人士的生活照料和康复关怀融为一体的新型模式。因此，应将眼保健及医养结合认真执行，这样才能使老年视障人士获得及时优质的视障康复服务。

思考题

1. 老年视障人士视力障碍的特点及病因？
2. 青光眼、糖尿病视网膜病变、视网膜色素变性、年龄相关性黄斑变性患者的视觉康复处理？

参考文献

[1] 孙葆忱，邹留河，张书泰等．眼镜式助视器在低视力门诊的应用．中华眼科杂志，1987，22：94-96.

[2] 郑远远，孙葆忱，苏晓铎等．远用助视器在低视力门诊的应用．中国实用眼科杂志，1992，7：417-419.

[3] 盛欢，孙葆忱．功能性视力．国外医学眼科分册，1996，6：371.

[4] 李凤鸣．中华眼科学．2版．北京：人民卫生出版社，1996.

[5] 胡志城．低视力保健．上海：上海科学技术出版社．1997.

[6] 孙葆忱．临床低视力学．2版．北京：华夏出版社，1998.

[7] 孙葆忱．低视力康复培训教材．北京：华夏出版社，1998.

[8] 郑远远，孙葆忱，崔彤彤等．助视器在视残患儿中的应用．中华眼科杂志，1999，6：459-461.

[9] 郑远远，孙葆忱，崔彤彤等．便携式单筒望远镜助视器的临床应用．眼视光学杂志，1999，3：137-138.

[10] 郑远远，孙葆忱，崔彤彤等．先天性及遗传性眼病所致视力残疾患者的视觉康复．眼科新进展，2001，1：40-42.

[11] 王思慧．低视力学．北京：北京大学医学出版社，2003.

[12] 吴淑英．老年视觉与照明光环境的关系．眼视光学杂志，2004，6（1）：51-56.

[13] 孙葆忱等．低视力学．北京：人民卫生出版社．2004.

[14] 郑远远，崔彤彤，孙葆忱等．儿童低视力康复与助视器．中国康复，2005，4：59-60.

[15] 郑远远，崔彤彤，胡爱莲等．新型国产两用望远镜助视器在低视力康复中的应用．眼科，2005，5：323-325.

[16] 孙葆忱，鹿庆，郑远远．对新的WHO视力损害（盲及低视力）分类标准的探讨．眼科，2005，5：8.

[17] 雷少波．唐罗牛．微视野检查的临床应用进展．国际眼科杂志，2007，7：1689-1691.

[18] 孙葆忱. 视功能与功能性视力. 中国康复，2007，4：278-279.

[19] 吴淑英，李筱荣. 儿童低视力保健学. 天津：天津科技翻译出版公司，2007.

[20] 钟经华. 视力残疾儿童的心理与教育. 天津：天津教育出版社，2007.

[21] 曾雅茹. 普通小学教师对随班就读的态度、教学策略与所需支持的研究. 中国特殊教育，2007，（12）：3-7.

[22] 孙葆忱. 低视力患者生存质量与康复. 北京：人民卫生出版社，2009.

[23] 韩丁，吴淑英，李筱荣. 变距查视力的临床应用价值. 中华眼视光与视觉科学杂志，2010，12（6）：465-467.

[24] 赵家良. 关注低视力的预防和康复是社会进步的表现. 中华眼视光与视觉科学杂志，2010，（3）：161-163.

[25] 刘家琦. 实用眼科学. 第3版. 北京：人民卫生出版社，2010.

[26] 曾雅茹. 福建省特殊教育发展现状. 泉州师范学院学报，2010，（1）：77-82.

[27] 施文建，胡建民，苏锦瑜，等. 低视力青少年电子助视器阅读速度初步研究. 眼科学报，2010，25（2）：96-98.

[28] 张勇，胡建民，苏翠敏. 2008年泉州市盲聋哑学校低视力学生调查. 预防医学论坛，2010，16（3）：230-231.

[29] 徐亮. 低视力学. 北京：人民卫生出版社，2011.

[30] 戴炳发，施文建，许锻炼，等. 年龄相关性黄斑变性视力损害及康复的研究现状. 国际眼科纵览，2011，35（3）：173-176.

[31] 戴炳发，苏锦瑜，胡建民，等. 视力筛查仪在低视力青少年屈光检查中的应用. 中华眼科医学杂志（电子版），2011，1（1）：49-53.

[32] 曾雅茹等. 福建省特殊教育事业发展探析. 教育评论，2011，（11）：30-34.

[33] 孙葆忱，胡爱莲. 临床低视力学. 北京：人民卫生出版社，2013.

[34] 李凤鸣，谢立信. 中华眼科学. 3版. 北京：人民卫生出版社，2014.

[35] 施文建，戴炳发，叶文文，等. 助视器对青少年学生阅读功能影响的观察. 中国康复，2014，4：313-314.

[36] 吴淑英，李筱荣. 视力表标准、原理及应用. 北京：人民卫生出版社，2015.

[37] 叶增编，曾雅茹. 残疾儿童学前基本公共教育服务体系的实践路径——以福建省为例. 教育观察旬刊，2015，（43）.

[38] 施文建，胡建民，戴炳发，等. 先天性眼底病视力损害阅读功能研究. 中国现代医生，2015，53（24）：66-68.

[39] 叶增编，曾雅茹. 普及学前教育背景下残疾儿童学前教育推进策略. 教育观察旬刊，2015，（15）.

[40] 葛坚，王宁利. 眼科学. 3 版. 北京：人民卫生出版社，2016.

[41] 黎晓新，王宁利. 眼科学. 北京：人民卫生出版社，2016.

[42] 美国眼视光学会低视力康复项目 [EB/OL]. 2017. http://www.aaopt.org/low-vision.

[43] 美国眼科学会低视力康复项目 [EB/OL]. 2017. http://www.aao.org/eye-health/diseases/low-vision.

[44] 美国眼科临床指南. Vision Rehabilitation PPP-2013. [EB/OL]. 2017. http://www.aao.org/preferred-practice-pattern/vision-rehabilitation-ppp--2013.

[45] 世界卫生组织. 普遍的眼健康：2014-2019 年全球行动计划 [EB/OL].2017. http://www.who.int/publications/list/universal_eye_health/zh/.